신흥교역국의 통관환경 연구

칠 레

한국조세재정연구원

2014년 11월 15일 1판 1쇄 인쇄
2014년 11월 15일 1판 1쇄 발행

지 은 이	세법연구센터 / 한국조세재정연구원
발 행 인	이헌숙
표　　지	김학용
발 행 처	생각쉼표 & 주)휴먼컬처아리랑
	서울특별시 영등포구 여의도동 45-13 코오롱포레스텔 309
전　　화	070) 8866 - 2220 FAX • 02) 784-4111
등록번호	제 2009 - 000008호
등록일자	2009년 12월 29일

www.휴먼컬처아리랑.kr
ISBN 979-11-5565-089-9

신흥교역국의 통관환경 연구

칠 레

한국조세재정연구원

※ 본 보고서는 칠레 관세제도의 대부분을 담기 위해서 노력하였으나 지면의 부족 및 시간상의 제약으로 인해 부족한 부분이 있다.

또한 가급적 최신의 내용을 수록하기 위하여 노력하였지만, 사회·경제 상황에 따라 세제의 변화가 빈번하여, 가장 최신의 내용을 본 보고서에 반영하는 데에는 한계가 있었다.

따라서 본 보고서는 칠레의 관세에 대한 최소한의 길라잡이임을 밝히며, 보다 정확하고 구체적인 사항은 칠레 관세청과 재무부의 출판물 및 홈페이지와 관련 법령을 참조할 것을 권장한다. 특히 민감한 사안에 대하여는 반드시 관련 법령을 통해 확인할 필요가 있으며, 불명확한 부분에 대해서는 관련 관세전문가의 도움을 받을 것을 강조하고자 한다.

본 보고서의 내용은 저자들의 개인적인 의견이며, 한국조세연구원의 공식적인 견해와 무관함을 밝혀둔다.

목 차

I. 개 관 · 9
  1. 일반 개황 · 9
  2. 경제 개황 · 11
    가. 칠레의 주요 경제지표 · 11
    나. 칠레의 수출입 동향 · 12
    다. 칠레의 외국인 투자 동향 · 14
  3. 우리나라와 칠레의 교역관계 · 18
  4. 칠레의 자유무역협정(FTA, Free Trade Agreement) 현황 · · · · · · · · · · · · · · · · · 20
    가. 한ㆍ칠레 자유무역협정 추진 현황 · 20
    나. 칠레의 자유무역협정 · 25
  5. 칠레의 AEO(Authorized Economic Operator) 제도 · 27
  6. 칠레의 자유무역지대(Zona Franca) · 28

II. 외국의 통상환경 보고서 · 30
  1. World Bank의 Doing Business 2013 · 30
  2. 미국 국별 무역장벽 보고서(National Trade Estimate Report on Foreign
    Trade Barriers: NTE 보고서) · 32
    가. 수입 정책(Import policies) · 33
    나. 정부 조달(Government Procurement) · 34
    다. 지식재산권 보호(Intellectual Property Rights Protection) · · · · · · · · · · · · · · 35

III. 칠레의 통관환경 · 36
  1. 통관 행정 개요 · 36

가. 통관 행정 조직·· 36
　　나. 칠레 통관환경 개관··· 39
　　다. 수출입품에 부과되는 내국세··· 46
　　라. 라벨링(Labelling)·· 49
　　마. 표준 및 인증(SEC, ISP)··· 51
　　바. 관세 평가, 환급 및 유보 제도·· 52
　2. 칠레의 통관 절차··· 55
　　가. 수입 통관 절차··· 55
　　나. 수출 통관 절차··· 61

Ⅳ. 통관 절차별 고려 사항·· 63
　1. 수입 신고 전 준비 단계·· 64
　　가. 통관 절차상 특이사항·· 64
　　나. 애로 사례··· 66
　　다. 업무상 유의점··· 67
　2. 수입 신고 및 세관 심사·· 70
　　가. 통관 절차상 특이사항·· 70
　3. 관세 및 제세 납부·· 74
　　가. 통관 절차상 특이사항·· 74
　　나. 애로 사례··· 75
　　다. 업무상 유의점··· 75
　4. 물품 반출 및 환급·· 76
　　가. 통관 절차상 특이사항·· 76
　　나. 애로 사례 및 업무상 유의점··· 77

참고문헌·· 79

부 록··· 81
  부록 Ⅰ. 비즈니스 팁··· 81
  부록 Ⅱ. 주요 유관 기관 정보·· 87
  부록 Ⅲ. 칠레 관세법·· 91
  부록 Ⅳ. 수입 필요 서식·· 115
  부록 Ⅴ. 그 외 참고사항·· 118

표목차

〈표 Ⅰ-1〉 칠레의 주요 경제지표 ··· 12
〈표 Ⅰ-2〉 2011년 칠레의 국별 수출입 현황 ······································· 13
〈표 Ⅰ-3〉 對칠레 산업별 외국인 투자 ··· 15
〈표 Ⅰ-4〉 최근 우리나라의 對칠레 투자 현황 ···································· 16
〈표 Ⅰ-5〉 우리나라의 對칠레 업종별 투자 현황 ································· 17
〈표 Ⅰ-6〉 2011년 우리나라의 주요 교역국 순위 ································· 18
〈표 Ⅰ-7〉 최근 對칠레 교역량 및 무역수지 ······································ 18
〈표 Ⅰ-8〉 최근 對칠레 10대 수출 품목 ·· 19
〈표 Ⅰ-9〉 최근 對칠레 10대 수입 품목 ·· 19
〈표 Ⅰ-10〉 한·칠레 FTA 주요 추진 경과 ··· 21
〈표 Ⅰ-11〉 FTA 우리나라 양허안 개요 ·· 22
〈표 Ⅰ-12〉 FTA 칠레 양허안 개요 ·· 23
〈표 Ⅰ-13〉 칠레의 자유무역협정 현황 ··· 26
〈표 Ⅰ-14〉 자유무역지대 세금 혜택 ·· 29

〈표 Ⅱ-1〉 「Doing Business 2013」 칠레의 무역 분야 순위 비교 ············· 31
〈표 Ⅱ-2〉 칠레 수출입 소요 기간 및 비용 ······································· 31
〈표 Ⅱ-3〉 칠레의 수출입 시 필요 서류 ··· 32

〈표 Ⅲ-1〉 칠레 물품별 수입허가기관 ··· 43
〈표 Ⅲ-2〉 지역별 주요 항구 ··· 46
〈표 Ⅲ-3〉 추가세금 종류 ··· 49

〈표 Ⅳ-1〉 칠레 통관 절차별 유의 사항 ··· 63

〈표 Ⅳ-2〉 SOD 규제 대상 물질 ·· 72
〈표 Ⅳ-3〉 선적국가별 조치 내용 ·· 78

그림목차

[그림 Ⅲ-1] 칠레의 관세청 조직도 ··· 37
[그림 Ⅲ-2] 지역 세관 분포도·· 38
[그림 Ⅲ-3] 칠레의 식품 수입 통관 절차 ································· 59

[그림 Ⅳ-1] 칠레 공인 통관사 리스트 예시 ····························· 67
[그림 Ⅳ-2] 칠레 농축산부 수출입관련 문의처 ······················· 73
[그림 Ⅳ-3] TGR을 통한 관세 납부 화면································ 76

I. 개 관

1. 일반 개황

□ 정식 명칭은 칠레공화국(República de Chile)이며, 남미 서남부 태평양 연안에 위치하고, 북쪽으로 페루, 동쪽으로는 아르헨티나와 국경을 접하며, 남쪽으로는 남극, 서쪽으로는 태평양을 접하고 있음
  ○ 행정구역은 15개의 주(region)[1]로 운영되고 있으며, 15개 행정주는 50개 지역(Provincia), 346개 구역(Comuna)으로 세분됨

□ 국토면적은 757,000㎢로 한반도의 3.5배이며, 4,270km에 걸쳐 길게 뻗어 있는 세계에서 가장 긴 국가로 위도에 따라 다양한 기후를 보임
  ○ 북부 지역은 사막, 중부 지역은 지중해성, 남부 지역은 온대성 한랭기후를 나타냄
  ○ 연평균 기온은 16℃이며, 산티아고 기준으로 여름철에는 거의 비가 오지 않으나, 겨울(6~8월)에는 강수량이 많으며 겨울 평균 기온은 최고 15~19℃, 최저 3~6℃ 정도임

□ 칠레의 총인구는 2011년 인구 기준 약 1,752만명으로, 메스티소(66%), 백인(29%), 원주민(5%)의 인종 구성을 보임
  ○ 칠레의 인구는 우리나라의 약 3분의 1을 약간 상회하는 수준이며, 경제 수준이 비슷한 주변 중남미 국가들과 비교했을 때 총인구가 적은 편에 속함

□ 칠레 북부에 위치한 수도 산티아고(Santiago)에는 전체 인구 1,700만명 중 구매력을

---

[1] 칠레의 행정구역은 1974년 이후 북에서 남으로 13개의 주를 로마숫자로 표기하였으나, 2007년에 2개의 주(Arica y Parinacota, La Region de los Rios)가 추가되어 총 15개의 행정구역으로 운영됨

갖춘 600만명 이상이 거주하며, 칠레 전체 소비의 약 70~80%의 비중을 차지함
  ○ 상위 20%가 총수입의 약 60%를 차지하는 극단적인 빈부 격차로 수요의 양극화 현상이 뚜렷함

□ 칠레의 정치 체제는 대통령중심제(공화제)로, 행정부는 대통령과 내각으로 구성됨
  ○ 내각은 대통령이 임명하는 22명의 각료로 구성되며, 내무장관이 수석 각료로서 대통령 부재 시 부통령 자격으로 그 권한을 대행함

□ 칠레의 공식 사용 언어는 스페인어이며, 종교는 가톨릭(74%), 개신교(15%), 소수 종교(4%)로 가톨릭 및 개신교가 전체 종교의 약 90%를 차지함
  ○ 칠레는 1514년부터 1810년까지 식민 지배를 받았으며, 1557년부터 18세기 말까지 페루 부왕 직속의 총독에 의해 통치되었으며, 가톨릭 교회는 정치에 강력한 영향을 미쳤음
  ○ 스페인의 식민지 지배를 받아 언어, 종교뿐 아니라 건물, 음식 등 스페인의 영향을 받은 흔적을 쉽게 발견할 수 있음

□ 칠레의 화폐단위는 페소(Peso 또는 CLP로 표기)로, 1달러당 499.251페소임[2]
  ○ 화폐단위인 페소(Peso)는 $로 표시하므로 미 달러(US$)와 혼동하지 않도록 주의해야 하며, 공식 화폐단위 이외에 광고 등에서 '루카(Luca)'라는 단위를 쓰는데 이는 1루카당 1,000페소를 의미함

□ 구리, 레늄, 질산염과 포도, 건포도의 생산 및 수출 1위 국가로 세계적인 광물 및 농수산물 생산 국가임
  ○ 생산: 구리, 레늄, 질산염, 리튬, 요오드(세계 1위), 몰리브덴(세계 2위), 은(세계 5위), 금(세계 15위), 수출: 1위: 포도, 건포도, 2위: 아보카도, 3위: 키위, 나무딸기 4위: 복숭아, 5위: 사과, 블루베리, 9위: 배

---

[2] 2012년 5월 17일 기준

□ 칠레는 중남미 국가들 중 전형적으로 국가 재정이 안정되어 있는 나라로 꼽히며, 글로벌 재정위기 상황에도 불구하고 2011년 6.2%의 경제성장률을 기록함
  ○ 주요 광산 및 전력 프로젝트 투자가 확대되고, 자동차, 가전제품 등 내구재 소비수요가 증가세를 보이며, 내수와 수출의 양축이 성장을 견인하는 구도를 보임

□ 칠레는 지리적 고립과, 한정된 국내 시장의 한계를 극복하기 위해 FTA 및 통상협정 체결 추진 등 적극적인 대외 개방정책을 추진하고 있음
  ○ 이러한 정책은 남미 서쪽 끝에 길게 위치하고 있어 지리적으로 고립되어 있고, 제한된 인구 수로 인한 협소한 국내 시장의 한계를 극복하기 위한 방편임

□ 칠레는 국제사회에도 적극적으로 진출하고 있는 국가로 과거 군정 시의 외교적 고립에서 탈피, 인권, 국제 평화, 민주주의, 빈곤 퇴치, 자유무역 촉진을 위한 국제 사회의 제반 활동에 능동적으로 참여하고 있음
  ○ 2007년 OECD 이사회에서 남미 국가 최초로 OECD 가입 우선협상 대상국으로 지정되어 2010년에 가입함
  ○ 그 외 UN, IMF, IBRD, IDB, IFC, IDA, OAS, ILO, WTO 등에 가입하면서 각종 국제기구에 적극 진출하고 있음

2. 경제 개황

가. 칠레의 주요 경제지표

□ 칠레는 세계적 경기 침체에도 불구, 수출 호조로 인해 2011년 경제성장률은 6.2%, GDP는 1,046억달러를 기록함
  ○ 2010년 강진으로 위기상황을 맞았으나, 구리 국제가격 상승 및 지진복구를 위한 재정지출 증대 등으로 5.5%의 경제성장률을 달성함
  ○ 칠레는 세계 GDP 순위 중 50위에 올랐으며, 2011년 기준 1인당 국민소득은

12,040달러로 중남미 국가들 중 1위임[3]

☐ 2012년에는 글로벌 금융위기 및 실물경제 불안, 구리 국제가격 하향 추세, 민간소비 둔화 등의 영향으로 2011년보다 하향된 4~5% 정도의 안정적인 경제성장이 전망됨[4]

〈표 Ⅰ-1〉 칠레의 주요 경제지표

구분	2008년	2009년	2010년	2011년
경상 GDP(억달러)	1,695	1,618	1,950	2,071
1인당 GDP(달러)	10,185	9,500	11,587	12,040
경제성장률(%)	3.4	-1.7	5.3	6.2
물가상승률(%)	3.7	-1.4	3.0	4.4
실업률(%)	8.3	9.7	7.1	7.1
대미달러환율	522	561	510	487
수출(FOB, 억달러)	696	499	684	809
수입(CIF, 억달러)	565	388	529	664
무역수지(억달러)	131	111	155	145
외환보유(억달러)	648	732	844	997

자료: 칠레중앙은행(BDC), 칠레 통계청(INE), 한국수출입은행 해외경제연구소 2011

나. 칠레의 수출입 동향

☐ 2010년 수출은 684억달러, 수입은 529억달러로 전년 대비 수출 26%, 수입 21% 가 증가함
   ○ 2009년에는 세계 경기 침체의 영향으로 인한 수출 부진과 내수 침체로 수출입이 모두 감소하였으나, 2010년에는 경기 회복으로 무역수지 적자폭은 다소 감소함

---

[3] IMF 2011년 자료 기준
[4] 외교통상부〉경제간행물〉칠레개황

□ 2011년 칠레의 주요 생산품인 구리의 국제 가격이 고가를 유지하고 농축수산물, 임산물 부문도 생산과 수출이 확대되어 교역량이 역대 최고치를 기록함

□ 칠레의 주요 수출 품목에 있어 점차 1차 상품의 비중은 감소하는 반면, 섬유류를 비롯한 공산품의 비중이 높아지고 있는 추세임
  ○ 칠레의 수출 품목 중 금액 기준으로 섬유·직물이 가장 큰 비중을 차지하며, 그다음으로 신발, 수산물, 원유, 전기·전자 제품과 부품 등이 주로 수출되고 있음

□ 또한, 칠레의 수출 호조로 인해 부품 및 중간재 수입이 증가하고 있음
  ○ 사회간접자본 프로젝트 수요로 철강 제품의 수입이 증가하면서 주요 수입 품목으로 부상함
  ○ 수입 품목 중 가장 많은 금액을 차지하는 품목은 기계·장비·부품이며, 철강과 정유, 의류, 컴퓨터 전자부품·부분품 등의 수입이 많음

〈표 Ⅰ-2〉 2011년 칠레의 국별 수출입 현황

(단위: 백만달러, %)

순위	수 출			수 입		
	국가명	금액	비중	국가명	금액	비중
1	중국	18,538	22.9	미국	14,010	21.1
2	미국	9,133	11.3	중국	10,740	16.2
3	일본	9,049	11.2	브라질	6,189	9.3
4	브라질	4,452	5.5	아르헨티나	4,730	7.1
5	한국	4,396	5.4	독일	2,618	3.9
6	네덜란드	3,758	4.6	한국	2,570	3.9
7	이탈리아	1,739	3.4	일본	2,420	3.6
8	대만	2,124	2.6	멕시코	2,418	3.6
9	멕시코	1,951	2.4	콜롬비아	2,187	3.3
10	페루	1,787	2.2	페루	2,018	3.0
	총 계	80,928		총 계	66,415	

자료: 칠레 관세청

□ 금액 기준 2010년 칠레의 가장 큰 수출상대국은 미국이었고 그 외에 일본, 중국, 우리나라 순으로 활발한 수출이 이루어짐

□ 칠레의 가장 큰 수입상대국은 중국이었으며, 우리나라, 일본, 대만이 그 뒤를 이었음
  ○ 우리나라는 지난해 칠레의 2번째 거대 수입대상국으로 부상하였으나 1위인 중국과는 수입액 기준으로 2배 이상의 차이가 남

□ 칠레는 교역에 있어 미국과 중국에 대한 의존도가 매우 높다는 특성이 있는데, 지난해 이러한 현상이 더욱 심화되어, 對미국 수출액은 141.7억달러, 의존도 20%, 對중국 수입액은 199.2억달러, 의존도 24%로 미국, 중국에 높은 의존도를 보임

다. 칠레의 외국인 투자 동향

□ 칠레는 외국인 투자가 GDP의 59.6%를 차지할 정도로 국가 운영에 있어 그 중요성이 크므로, 정부 차원에서 관리되고 있음
  ○ 칠레의 외국인 투자 관할 기관은 경제부 산하의 외국인투자위원회이며 위원장은 경제부 장관임

□ 외국인 투자 유치정책 기본방향은 외국인 투자 개방, 내외국인 동등대우, 원금 및 과실 송금 인정(원금송금은 투자이행 1년 후 가능), 희소광물에 대한 투자 및 외국정부 직접투자 금지, 정부 간섭 최소화를 기본으로 함[5]

□ 2010년 칠레로 유입된 외국인 투자 규모는 143억달러로, 중남미 국가 중 브라질, 멕시코에 이어 세 번째로 외국인 투자가 많음
  ○ 칠레는 견실한 경제성장, 정치 안정 등의 견고한 거시 환경과 풍부한 광물자원 등의 투자 이점을 가지고 있음

---

[5] 외국인 투자 관련 법규(DL 600) 및 절차는 부록 참조

□ 칠레로의 외국인 투자는 누계 기준으로 2010년까지 총 1,336억달러를 기록하였으며, 지속적인 개방 정책을 통해 외국인 투자는 매년 증가하고 있음

□ 對칠레 누계기준(1974~2009년) 총투자액은 미국(26.4%), 스페인(19.3%), 캐나다 (17.4%) 순임

　○ 1974년부터 2009년 말까지 주요 투자국인 미국, 스페인, 캐나다 등이 지속적인 투자를 하고 있음
　○ 외국인 지분비율이 높은 광업 분야의 경우 캐나다, 호주, 미국 등의 투자가 집중되어 있고, 최근 일본, 중국의 자본 투자가 증가하고 있는 추세임

〈표 Ⅰ-3〉 對칠레 산업별 외국인 투자

(단위: 백만달러, %)

순위	산업	2010		1974-2010 누계	
		금액	비중	금액	비중
1	광업	10,986	82.8	55,858	41.8
2	전력, 가스 및 상수도	542	4.1	22,496	16.8
3	금융서비스	427	3.2	12,204	9.1
4	통신	150	1.1	9,524	7.1
5	도소매업	606	4.6	6,329	4.7
6	화학	0	0.0	4,147	3.1
7	식음료 및 담배	0	0.0	3,529	2.6
8	수송 및 물류	302	2.3	3,409	2.6
9	보험업	56	0.4	2,812	2.1
10	기타제조업	32	0.2	2,690	2.0

주: 2010.12.21기준 누계, 신고기준
자료: 칠레 외국인투자위원회(CIE)

□ 2010년 누적투자 통계에 따르면, 외국인 투자가 가장 활발한 분야는 광업으로 전체 외국인 투자 비중의 32.9%를 차지하고 있으며, 전기·가스·수도서비스가 19.2%, 통신 및 금융이 각 9.4% 수준임

○ 광물에 대한 투자트렌드는 지속될 것으로 보이며, 전기·가스·상수도업 등 사회간접자본 관련 분야에 대한 칠레 정부의 투자유치로 해당 분야 비중도 점차 높아지고 있음
○ 그 외 서비스업은 도소매, 은행, 투자, 보험 등의 순서로 외국인 누적투자가 이루어지고 있음

□ 칠레의 투자 관련법은 외국인투자법 DL 600호로 외국인 직접투자 시 적용됨
○ 피노체트 정권 당시 외국인 투자 유치를 목적으로 제정함
○ 외국인 투자자와 국가 간의 계약으로 특혜를 보장하는 것이 주요 내용이며, 칠레의 성공적인 외국인 투자 유치의 제도적 밑받침임
  - 1974~2010년간 실현된 FDI의 84%가 DL 600을 통하여 유입됨
○ 외국환관리규정(제18장)은 내국인 투자 시 적용하며, 외국환 관리규정(제14장)은 외국인의 증권시장 투자 시 적용함

□ 외국인 투자는 500만달러 이상의 투자, 공공부문투자, 대중매체에 대한 투자, 외국정부 또는 공공기관에 의한 투자일 경우 외국인 투자위원회의 승인을 얻어야 함

〈표 I-4〉 최근 우리나라의 對칠레 투자 현황

(단위: 건, 개, 천달러)

	신고건수	신규법인 수	신고금액	송금횟수	투자금액
2008년	4	2	2,720	5	2,630
2009년	7	2	6,054	5	6,052
2010년	4	3	39,932	4	18,929
2011년	12	6	145,976	15	145,556

주: 법인은 현지 법인과 지점, 지사 포함
자료: 한국수출입은행 해외투자통계

□ 우리나라의 對칠레 투자는 세계 금융 위기 이후 감소하였다가 신고 금액과 투자 금액이 증가하며 신고건수 역시 다시 증가하는 움직임을 보이고 있음

〈표 Ⅰ-5〉 우리나라의 對칠레 업종별 투자 현황

(단위: 천달러, 건)

2011 순위	투자 업종	2011년 투자금액	2011년 신고건수	2010년 투자금액	2010년 신고건수
1	광업	144,940	5	16,000	1
2	도매 및 소매업	300	1	2	1
3	건설업	158	2	2,927	2
4	운수업	86	1	-	-
5	제조업	52	1	-	-
6	사업시설관리 및 사업지원 서비스업	0	1	-	-

주: 법인은 현지 법인과 지점, 지사 포함이며 -는 집계되지 않음
자료: 한국수출입은행 해외투자통계

□ 최근 칠레 정부는 칠레의 대외무역을 진흥시키고, 투자유치 확대를 위한 적극적인 대외정책을 마련하고 있음

□ 전략의 핵심은 유관기관 간의 연계를 통한 시너지효과의 창출로, 자원을 효율적으로 사용하는 데 있음
  ○ ProChile(칠레 수출진흥청), Corfo(칠레생산진흥청), Cinver(외국인투자위원회) 등은 새로운 틈새시장 개척 및 수출확대, 외자 유치 강화 등의 목표를 달성할 계획임
  ○ 이러한 결정의 배경은 과거 기관들 간 연계 및 정보공유가 부족하다는 진단이며, 향후 관련 기관 통합사무소 설치 및 상호 보완적 성격의 통합된 형태로 업무를 진행할 예정임
  ○ 이러한 새로운 전략의 일환으로, 다른 여러 기관의 대외 전문가들을 투입해 ProChile(칠레무역진흥기관)의 기능을 강화하기로 함
    - ProChile는 기존의 59개의 사무소에서 애틀랜타, 니카라과, 뉴질랜드 사무소를 폐쇄해 현재는 총 56개의 사무소를 보유함

3. 우리나라와 칠레의 교역관계

□ 우리나라의 對칠레 무역수지는 지난 1980년대 이후, 30년 동안 흑자를 지속해오고 있음
  ○ 칠레는 우리나라의 34대 수출국, 24대 수입국임

〈표 Ⅰ-6〉 2011년 우리나라의 주요 교역국 순위

(단위: 천달러)

수 출			수 입		
순위	국가	수출금액	순위	국가	수입금액
1	중국	116,837,833	1	중국	86,432,238
2	미국	49,816,058	2	일본	68,320,170
3	일본	28,176,281	3	미국	44,569,029
4	홍콩	25,294,346	4	사우디아라비아	36,972,612
5	싱가포르	15,244,202	5	호주	26,316,304
10	브라질	7,752,579	19	브라질	6,342,934
12	멕시코	8,845,549	24	칠레	4,857,963
34	칠레	2,947,054	32	멕시코	2,315,698

자료: 관세청 통계, 2011

□ 한·칠레 FTA 발효 이후 對칠레 교역증가율이 28.2%로 높은 수준을 유지하고 있음
  ○ 동 기간 對중남미 교역증가율은 22.5%, 對세계 교역증가율은 14.5%로, 칠레의 교역증가율은 이들의 평균 수준을 상회함

〈표 Ⅰ-7〉 최근 對칠레 교역량 및 무역수지

(단위: 억달러, %)

구분	2007년	2008년	2009년	2010년	2011년
수출 (전년 대비 증감률)	31.15 (98.9)	30.32 (-2.7)	22.29 (-26.5)	29.47 (32.2)	23.81 (-19.2)
수입 (전년 대비 증감률)	41.84 (9.7)	41.27 (-1.3)	31.03 (-24.8)	42.21 (36.0)	48.58 (15.1)
무역수지	-10.69	-10.95	-8.74	-12.74	-24.76

자료: 관세청 통계, 2011

<표 Ⅰ-8> 최근 對칠레 10대 수출 품목

(단위: 천 달러, %)

순위	2010년			2011년		
	품목명	금액	전년 대비 증가율	품목명	금액	전년 대비 증가율
	총 계	2,947,054	32.2	총 계	2,381,457	-19.2
1	자동차	1,060,521	81.5	자동차	1,176,570	10.9
2	석유제품	997,400	56.9	합성수지	165,995	43.6
3	합성수지	115,581	72.5	석유제품	158,065	-84.1
4	철강판	96,582	235.0	철강판	83,775	-13.3
5	무선통신기기	58,808	12.0	무선통신기기	76,811	30.6
6	건설광산기계	55,516	110.1	건설광산기계	69,031	24.3
7	컴퓨터	53,828	80.6	정밀화학원료	58,995	179.1
8	자동차부품	48,450	43.0	자동차부품	58,993	21.8
9	고무제품	36,969	20.1	컴퓨터	55,735	3.5
10	공기조절기 및 냉난방기	30,458	-82.7	공기조절기 및 냉난방기	46,292	52.0

주: MTI 3단위 기준
자료: 한국무역협회 무역통계

<표 Ⅰ-9> 최근 對칠레 10대 수입 품목

(단위: 천달러, %)

순위	2010년			2011년		
	품목명	금액	전년 대비 증가율	품목명	금액	전년 대비 증가율
	총 계	4,221,395	36.0	총 계	4,857,963	15.1
1	동제품	2,014,857	37.5	동제품	2,384,818	18.4
2	동광	957,984	61.9	동광	1,283,122	33.9
3	제지원료	287,623	18.6	제지원료	295,125	2.6
4	기타금속광물	228,443	52.3	기타금속광물	139,287	-39.0
5	아연광	188,728	28.9	육류	122,274	7.2
6	육류	114,032	-6.7	곡실류	121,247	35.8
7	곡실류	89,265	43.1	정밀화학원료	91,178	32.2
8	정밀화학원료	68,986	27.1	아연광	85,227	-54.8
9	목재류	51,347	68.2	목재류	81,497	58.7
10	수산가공품	41,236	10.6	어류	63,984	141.7

주: MTI 3단위 기준
자료: 한국무역협회 무역통계

□ 2010년 기준 한국의 對칠레 주요 수출 품목은 자동차, 석유제품, 합성수지 등이었으며, 2010년에 이어 2011년에도 동 3품목이 주로 수출됨
   ○ 2011년을 기준으로 살펴보았을 때, 정밀화학원료의 수출이 두 배가량 증가한 반면, 석유제품과 철강판의 경우 각각 84.1%, 13.3% 감소하였음

□ 우리나라가 칠레로부터 수입하는 주요 수입 품목은 동제품 및 동광, 제지원료, 기타 금속광물 등임
   ○ 2011년의 경우 동제품 및 동광 수입액이 칠레로부터의 전체 수입금액의 약 76%를 초과하여 상당 부분을 차지하였음

4. 칠레의 자유무역협정(FTA, Free Trade Agreement) 현황

가. 한·칠레 자유무역협정 추진 현황

□ 중남미 시장 개척, 수출입품목 다원화 등 중남미 국가와의 FTA 필요성이 제기되면서, 중남미 국가 중 안정적인 경제구조 및 개방적인 시장구조를 갖추고 있는 칠레와의 FTA가 거론됨
   ○ 중남미 국가의 보호무역주의 강화로 동아시아 국가를 대상으로 반덤핑 혐의로 피소하는 사례가 증가하면서 중남미 시장 진출 확보를 위해 FTA가 그 방안으로 제기됨
   ○ 칠레는 우리나라와 FTA 발효 이전에 미국, EU 등 이미 10개 국가와 FTA를 발효하고 있었을 정도로 개방적인 시장구조임

□ 2004년 한·칠레 FTA는 우리나라가 최초로 발효한 FTA이며, 칠레 입장에서도 한국이 아시아 국가 중에는 최초로 FTA를 체결한 상대국임
   ○ 우리나라와 2004년 4월부터 아시아 국가 중에서는 최초로 자유무역협정을 발효하였으며, 2006년부터 중국, P4[6)]회원국과의 협정도 발효됨

○ 일본과는 2007년 발효, 남미공동시장 등 7개국과는 경제보완협정을 체결하고 있고, 인도·쿠바와는 부분적인 자유무역협정을 체결하고 있음

〈표 Ⅰ-10〉 한·칠레 FTA 주요 추진 경과

일자	추진 경과
1999.12.14~17	제1차 협상 개시(산티아고)
2000.2.29~3.3	제2차 협상 개최(서울)
2000.5.16~19	제1차 협상 개최(산티아고)
2000.12.12~15	제1차 협상 개최(서울)
2002.8.20~23	제1차 협상 개최(산티아고)
2002.10.18~20	제1차 협상 개최(제네바)
2002.10.25	협상 타결 발표(서울 및 산티아고)
2003.2.15	정식 서명(서울)
2004.4.1	한·칠레 FTA 발효
2004.4~2011.3	한·칠레 FTA 이행 점검을 위한 자유무역위원회 7차례 개최

자료: 외교통상부

□ 한·칠레 FTA는 총 7부 21장으로 구성되어 있으며, 그 중 관세 및 통관 분야는 협정 제2부(상품무역) 제3장(시장접근), 제4장(원산지 규정) 및 제5장(통관 절차)에서 정하며 이의 통일된 해석과 적용을 위해 양국 정부 간 합의로 통일규칙을 마련함

□ 우리나라는 공산품을 주로 칠레에 수출하고, 광물 등 원자재 및 농수산물을 수입하고 있어 상호 보완적인 교역 구조를 갖추고 있었음

---

6) 칠레, 뉴질랜드, 싱가포르, 브루나이 태평양 연안 4개국을 지칭함

〈표 Ⅰ-11〉 FTA 우리나라 양허안 개요

(우리나라 HS 10단위 기준, %)

양허 카테고리	전체	공산품	농산물	임산물	수산물	주요품목 (농산물)
즉시 철폐	9,740(87.2)	9,101(99.9)	224(15.6)	138(58.2)	277(69.5)	배합사료, 종우, 양모, 커피
5년 철폐	701(6.3)	-	545(38.1)	70(29.5)	86(21.5)	고사리, 장미, 두부, 포도주, 아몬드
7년 철폐	41(0.4)	1(0.01)	40(2.8)	-	-	과실주스, 과실조제품, 가금류고기, 수프, 감자
9년 철폐	1(0.01)	-	1(0.07)	-	-	기타과일주스
10년 철폐	262(2.3)	-	197(13.8)	29(12.3)	36(9.0)	토마토, 돼지고기, 오이, 키위
계절관세[1]	1(0.01)	-	1(0.07)	-	-	포도
16년 철폐[2]	12(0.1)	-	12(0.8)	-	-	조제분유, 혼합주스
TRQ+DDA 이후논의[3]	18(0.15)	-	18(1.26)	-	-	쇠고기, 닭고기, 맨드린
DDA 이후논의	373(3.3)	-	373(26.0)	-	-	마늘, 양파, 고추, 낙농제품
제 외	21(0.2)	-	21(1.5)	-	-	쌀, 사과, 배
합 계	11,170	9,102	1,432	237	399	

주: 품목 분류, HS code 변경 등으로 품목 수가 일부 변경될 수 있음
  1) 일정기간(11~4월)에만 관세 철폐(10년 균등)
  2) 5년 후 협상 개시, 1년 협상, 최장 10년 관세 철폐
  3) TRQ 물량에 대해 무관세 적용, DDA 타결 후 논의
자료: 외교통상부, 대외경제정책연구원

〈표 Ⅰ-12〉 FTA 칠레 양허안 개요

(칠레 HS 8단위 기준, %)

양허 카테고리	전체	공산품	농산물	임산물	수산물	주요품목(농산물)
즉시 철폐	2,450(41.8)	1,478(30.6)	677(92.9)	96(100)	199(99)	TV, 자동차, 컴퓨터, 휴대폰
5년 철폐	1,994(34.1)	1,992(41.3)	-	-	2(1.0)	폴리에틸렌, 수송용 차량
7년 철폐	14(0.2)	14(0.3)	-	-	-	유류여과기
10년 철폐	1,190(20.3)	1,180(24.4)	10(1.4)	-	-	축전지, 청소기
5년 거치 8년 철폐[1]	152(2.6)	152(3.1)	-	-	-	철강, 섬유 및 의류
예 외	54(1.0)		42(5.8)	-	-	세탁기, 냉장고
합 계	5,854	4,828	729	96	201	

주: 품목 분류, HS code 변경 등으로 품목 수가 일부 변경될 수 있음
  1) 협정 발효 6년부터 13년까지 균등 철폐됨
자료: 외교통상부, 대외경제정책연구원

□ 우리나라는 전체 11,170개 품목 중 87.2%인 9,740개 품목의 관세를 철폐했으며, 칠레 측은 총 5,854개 품목 중 41.8%인 2,450개 품목의 관세를 철폐함
  ○ 우리나라의 주요 관세철폐 품목은 사료, 양모, 커피 등이며, 칠레 측의 주요 관세 철폐 품목은 자동차, TV, 휴대폰 등임
  ○ 우리나라는 쌀, 사과, 배 등 21개 품목은 관세를 유지하기로 했으며, 칠레 측은 세탁기, 냉장고 등 54개 품목에 대해 관세를 유지하기로 함

□ 관세인하 품목은 중장비부품 등 10년 유예 1,519개 품목과 타이어 등 13년 유예 290개 품목임
  ○ 10년, 13년 유예품목도 0.6~0.8%p만큼 수입관세가 인하됨에 따라 가격경쟁력이 다소 강화될 것이며, 세탁기 등 96개 품목은 관세감축 제외품목으로 6.0%의 수입관세가 적용됨
    - 10년 유예품목의 수입관세는 2011년 1.6%로 전년 대비 0.6%p 인하되며, 2012

년 1.1%, 2013년 0.5%로 인하되다가 2014년부터 무관세가 적용될 예정임
- 13년 유예품목의 수입 관세는 FTA 발효일로부터 5년을 유예한 2010년 1월 1일부터 인하되기 시작해 2011년도 4.5%가 적용돼 전년 대비 0.8%p 인하됨
- 이 품목군의 수입관세는 2012년 3.8%, 2013년 3.0%로 매년 인하돼 2017년부터 무관세가 적용될 예정임

☐ 이로써 한·칠레 FTA 발효 이후 무관세 적용품목은 2011년 1월 1일부터 7년 유예품목의 관세가 철폐됨에 따라 2012년 현재 76.0%로 확대됨

☐ 한·칠레 FTA 발효 이전인 2003년 對칠레 수출액은 약 5억달러, 수입액은 약 10억달러이었으나, 2010년에 수출액은 약 29억달러, 수입액은 약 42억달러로 수출액은 5.7배 증가하였으며, 수입액은 4배 증가하였음

☐ FTA 발효 이후, 우리나라는 칠레 시장 관세 인하 효과로 연평균 33.9%의 수출증가율을 기록하고 있으며, 수출업체 수 증가(43.1%), 수출품목 증가(47.3%) 등으로 교역이 활발해지고 있음
  ○ 칠레 시장 내 자동차부문 및 경유, 철강판 등 칠레 내수 시장에서 우리나라 상품의 시장점유율이 증가함

☐ 경유, 자동차 등 우리나라 주요 수출품목에 대해 무관세 혜택을 받게 되어 수출액이 급증하였으며, 당초 우려했던 농축산물의 수입증가율이 낮은 수준에 그쳐 양국가 간 상호보완적 구조를 갖고 성공한 FTA로 평가받고 있음[7]
  ○ FTA 발표 이전부터 對칠레 주요 수입 품목이었던 광물 등 산업용 원자재의 수입이 발효 이후에도 증가하였으나, 농축산물의 수입증가율은 낮은 수준에 그침

---

[7] 외교통상부

나. 칠레의 자유무역협정

□ 칠레는 1970년대 중반 이후 경제개방정책을 기반으로 자유무역정책을 추진하면서, WTO, APEC 등 다자간 무역협상에 적극 참여하고, 양자 간 무역협정을 통해 해외시장 확대를 꾀하고 있음
  ○ 중국이나 쿠바 등 사회주의 국가와 러시아 등과도 우호 관계를 유지하는 한편, 개도국과의 연대 강화와 ASEAN의 관계를 중시하고 있음

□ 현재 21개 협정을 통해 58개국과 FTA를 체결했으며, 말레이시아, 니카라과, 베트남과 FTA 협상을 종료하였고, 태국 등과는 FTA 협상을 진행 중임

□ 칠레 정부는 '환태평양 경제적 동반자 협정(TPP)'[8]의 협상에도 적극 참여하고 있음
  ○ 관세 완전 철폐, 중소기업 대우, 투명성 및 경쟁 정책 등이 포함된 발전된 지역무역협정 단계로, 농산물 수출국가가 주축을 이루고 있음

---

8) Trans Pacific Partnership

<표 Ⅰ-13> 칠레의 자유무역협정 현황

구분	체결대상국	체결시기	발효시기
자유무역협정	캐나다	1996	1997
	멕시코	1998	1999
	코스타리카	1999	2002
	엘살바도르	2000	2002
	EU(27개국)[1]	2002	2003
	미국	2003	2004
	한국	2003	2004
	EFTA(4개국)[2]	2003	2004
	중국	2005	2006
	P4(3개국)[3]	2005	2006
	일본	2007	2007
	파나마	2006	2008
	온두라스	2005	2008
	페루	2006	2009
	호주	2008	2009
	콜롬비아	2006	2009
	과테말라	2007	2010
	터키	2009	2011
FTA 유사 무역협정	인도	2006	2007
	쿠바	1999	2008
경제보완협정	베네수엘라	1993	1993
	볼리비아	1993	1993
	남미공동시장(MERCOSUR)	1996	1996
	에콰도르	2008	2010
협상종료	말레이시아		FTA 협상종료
	니콰라과		FTA 협상종료
	베트남		FTA 협상종료
협상중	태국		FTA 협상종료
	환태평양 경제적동반자 협정(TPP)[4]		
	중국 투자조항		
	인도 경협심화		

주: 1) EU 27개국: 독일, 오스트리아, 벨기에, 덴마크, 스페인, 핀란드, 프랑스, 그리스, 이탈리아, 아일랜드, 룩셈부르크, 네덜란드, 포르투갈, 영국, 스웨덴, 키프로스, 슬로바키아, 슬로베니아, 에스토니아, 헝가리, 리투아니아, 라트비아, 몰타, 폴란드, 체코, 루마니아, 불가리아
2) EFTA 4개국: 아이슬란드, 리히텐슈타인, 노르웨이, 스위스
3) P4: 싱가포르, 뉴질랜드, 브루나이, 칠레
4) TPP 협상 국가: 칠레, 미국, 호주, 브루나이, 미국, 말레이시아, 뉴질랜드, 페루, 싱가포르, 베트남 등 10개국
자료: 외교통상부

5. 칠레의 AEO(Authorized Economic Operator) 제도[9]

□ 칠레의 AEO 제도는 현재 프로그램 설계 중에 있으며, 관세법을 법률적 근거로 WCO의 지원하에 2012~2013년 사이에 시행될 예정임
  ○ Custom Regulation 849/05.02.2009에 따라 AEO 파일럿 프로그램 운영 예정임

□ AEO 인증 유형은 보안(Security)과 통관절차 간소화(Simplification)이며, 수출에 우선 적용하기로 함

□ AEO 제도의 대상은 물류공급망 당사자로, 수출업자, 수입업자, 보세창고 운영인, 수출입화물 운송업자, 관세사, 항만터미널 운영인, 선박회사, 항공사 등임

□ AEO 파일럿 테스트에 등록하는 업체는 등록자정보, 회사정보, 연락처를 기입해야 하며 등록은 관세청을 통해서 무료로 진행됨
  ○ 등록 정보에는 RUT(주민등록번호), 성명, 주소, 회사명, 2~4명의 긴급 연락처, 화물명, 전화번호, 이메일주소를 기입해야 함

□ 무역업자의 상태와 요구조건, border agencies에 대한 사항은 아직 정해지지 않았으며, 고문(전문가) 기관은 정해진 상태임
  ○ 외부전문가가 심사 및 인증절차에 대한 경험과 지식을 체계적으로 컨설팅할 예정이며, 참여 후 AEO 인증을 받는 업체에 대해서는 통관편의 제공 등 각종 혜택을 우선적으로 부여할 예정임

□ AEO의 필요성에 대한 연구와 트레이닝, 장비, 인력 자원에 대한 추후 협의는 2013년까지 이뤄질 예정임
  ○ 인력배치는 총 6명으로 예정됨(집행부 2명, 기술부 2명, 변호사 1명, 대외업무인력 1명)

---

[9] http://www.aduana.cl/prontus_aduana/site/artic/20090305/ 참고

6. 칠레의 자유무역지대(Zona Franca)

☐ 칠레 정부는 수출산업 장려 정책 및 지역 균형 개발의 일환으로 칠레 북부 이키케(Iquique)와 칠레 남부 푼타 아레나스(Punta Arenas)에 자유무역지대를 설치하여 운영하고 있음

☐ 이키케 자유무역지대(ZOFRI: Zona Franca de Iquique S.A)는 1975년 설립[10]되어 자유무역지대공사(Zona Franca de Iquique S.A)에 의해 운영되고 있음[11]
  ○ 이키케 자유무역지대의 아리카(Arica) 공업단지 역시 자유무역지대공사가 관할하고 있음
  ○ 자유무역지대 이외 별도의 산업공단은 운영되고 있지 않음

☐ 이키케 자유무역지대는 240헥타르며, 상업 및 공업 활동을 영위하는 개인 및 법인의 경우 입주할 수 있음
  ○ 칠레 북부 태평양 연안에 위치한 항구도시 이키케 자유무역지대는 남미지역 중계무역의 중심지이며, 해변가의 관광지로도 유명함
  ○ 도소매업체 1,800개사, 무역관련 서비스업체 150개사, 창고(1,500m^2), 부품센터, 공업시설, 쇼핑몰 등의 인프라가 있음
  ○ 하루 40억달러 이상 금액의 자금흐름이 있음

☐ 자유무역지대 입주 시 수입관세(6%) 및 부가가치세(19%)[12]가 면제되는 법률상의 특혜가 주어짐
  ○ 자유무역지대에서 칠레의 여타지역으로 반입되는 경우 관세 및 부가가치세를 납부해야 함
  ○ 무기한 창고보관 또는 재가공 후 칠레 또는 3국으로 판매 가능함

---

10) Decree Law 341
11) 1989년 민영화됨
12) 2003.10.1부터 18%에서 19%로 인상됨

○ 볼리비아, 페루 남부, 브라질, 파라과이 등 제3국 시장접근성이 좋음
  - 항구가 없는 볼리비아의 경우 이키케 항이 유일한 수입항임
○ 창고를 통한 도매, 쇼 케이스를 이용한 소매 거래가 가능함

〈표 Ⅰ-14〉 자유무역지대 세금 혜택

(단위: %)

구분	칠레		제3국
	자유무역지대	기타지역	
관세	-	6	-
수입세	CIF 0.8	-	-
부가가치세	최초 거래 0, 두 번째 거래 19	19	-

주: 수입관세의 경우 FTA 체결국인 경우 해당 협정에 따라 부과
자료: 이키케 자유무역지대(ZOFRI)

Ⅱ. 외국의 통상환경 보고서

1. World Bank의 Doing Business 2013

□ 세계은행(The World Bank)은 2004년부터 매년 '사업하기 좋은 나라(Ease of doing business)' 순위를 다양한 부문에 걸쳐 조사하여 「Doing Business」라는 이름으로 보고서를 발표하고 있음

□ 2013년에 발간된 「Doing Business 2013」는 2012년 한 해 동안 185개국에 대하여 부문별로 조사·평가한 내용이 수록됨
  ○ Doing Business 2013 보고서상 순위를 결정짓기 위하여 조사된 분야는 사업 개시 (Starting a business), 건설 허가(Dealing with construction permits), 전력 수신 (Getting electricity), 부동산 취득(Registering property), 신용 취득(Getting credit), 투자자 보호(Protecting investors), 세금 납부(Paying taxes), 무역(Trading across borders), 계약 이행(Enforcing contract) 및 청산(Resolving insolvency) 등 10개의 지표임
  ○ 2013년 보고서에 따르면, 종합적인 '사업의 용이성(Ease of Doing Business)' 순위에 있어 1위를 차지한 국가는 싱가포르였으며, 우리나라는 3위에 올랐음

□ 당해 보고서상 무역 분야 순위는 수출입에 필요한 서류의 개수와 수출입 소요 일수 및 소요 비용 등을 산출하여 순위를 정하고 있는데, 필요서류가 적고 수출입 소요 기일이 짧을수록 더욱 높은 순위에 오르는 형식임
  ○ 무역 분야에서 2012년 보고서상 4위에 올랐던 우리나라는 2013년 보고서에서 3위에 올라, 순위가 1계단 상승함

<표 Ⅱ-1> 「Doing Business 2013」 칠레의 무역 분야 순위 비교

구분	칠레	중남미 (평균)	OECD (평균)	페루	멕시코	한국
수출필요서류(개수)	6	6	4	6	5	3
수출소요시간(일)	15	17	10	12	12	7
수출소요비용 (달러/컨테이너)	980	1,268	1,028	890	1,450	680
수입필요서류(개수)	6	7	5	8	4	3
수입소요시간(일)	12	19	10	17	12	7
수입소요비용 (달러/컨테이너)	965	1,612	1,080	880	1,780	695
무역 분야 순위	48	-	-	60	61	3

자료: The World Bank, 「Doing Business 2013」

□ 「Doing Business 2013」에서 칠레는 종합적인 사업의 용이성(Ease of Doing Business)에 있어 전체 조사국인 185국 중 37위에 올랐으며, 부문별 주요 지표 중 무역 분야(Trading Across Borders)에서는 48위를 기록함
  ○ 지난 해 보고서인 「Doing Business 2012」에서 종합적 사업의 용이성 순위 41위, 무역 분야 순위 62위에 올랐던 칠레는 2013 보고서상 무역분야 순위에서 12단계 크게 상승함

<표 Ⅱ-2> 칠레 수출입 소요 기간 및 비용

(단위: 일, 달러)

구 분	수출		수입	
	소요기간	비용	소요기간	비용
서류준비	7	220	5	205
세관통관	2	100	2	100
항만(터미널)	3	210	3	210
내륙운송	3	450	2	450
합 계	15	980	12	965

자료: The World Bank, 「Doing Business 2013, Economy Profile : Chile」

□ 칠레에서의 해상 수출에 있어 컨테이너당[13] 약 980달러의 금액이 소요되며 수출에 필요한 서류는 7가지이고, 서류 준비를 비롯하여 수출 통관 및 국내 운송, 항만에서의 업무를 포함, 수출에 총 15일이 소요됨

□ 칠레에서의 해상 수입에 있어 컨테이너당 약 965달러의 금액이 소요되며 수입에 필요한 서류가 5가지로, 수출의 경우 드는 비용과 필요서류 수가 동일하고, 서류 준비를 비롯하여 수입 통관 및 국내 운송, 항만 업무 등 수입에 총 12일이 소요됨

□ 칠레로 수출입을 하기 위해 필요한 서류 개수와 소요 시간은 중남미 평균 수준이지만, 컨테이너당 지불되는 해상 수출입 비용은 중남미 평균의 절반 수준임

〈표 Ⅱ-3〉 칠레의 수출입 시 필요 서류

수출 시 필요서류	수입 시 필요서류
○ Bill of Lading(선하증권) ○ Certificate of Origin(원산지증명서) ○ Commercial invoice(상업송장) ○ Customs export declaration(수출신고서) ○ Packing list(포장명세서) ○ Technical standard certificate 　(기술표준증명서)	○ Bill of Lading(선하증권) ○ Certificate of origin(원산지증명서) ○ Commercial invoice(포장명세서) ○ Customs import declaration(수입신고서) ○ Packing list(포장명세서) ○ Technical standard certificate 　(기술표준증명서)

자료: The World Bank, 「Doing Business 2013, Economy Profile: Chile」

2. 미국 국별 무역장벽 보고서(National Trade Estimate Report on Foreign Trade Barriers: NTE 보고서)

□ 국별 무역장벽보고서는 1974년 통상법(Trade Act of 1974) 제181조에 근거하여 미국 무역대표부(USTR, United States Trade Representative)가 작성, 매년 3월 말 의회에 제출하는 연례 보고서임

---

[13] 20피트 컨테이너(TEU) 만재화물 기준이며, 위험물·군수품 등이 아니라는 가정 하에 산정한 금액임

○ 이 보고서는 미국 업계의 의견과 해외 주재 미국 대사관의 보고서와 관련 정부 부처의 의견 등을 기초로 작성됨
○ 2012년 보고서는 미국의 62개 주요 교역국 및 경제권의 무역과 투자 장벽에 대해 포괄적으로 기술하고 있음[14]

□ 2012년 국별 무역장벽보고서에는 미국의 수출업자 입장에서 작성된 62개 각 국가의 수입정책(Import Policies)과, 정부조달(Government Procurement), 지식재산권 보호(Intellectual Property Rights Protection) 등 무역 및 투자 장벽 등에 관하여 언급하고 있음

□ 보고서 중 칠레 무역 개관 부분에서는 칠레가 미국의 20번째로 큰 수출시장이라는 점, 양국 간 수출입 규모 추이, 외국인 직접 투자(FDI) 금액에 관해 언급함
  ○ 2011년 미국의 對칠레 무역흑자액은 68억달러로 이는 2010년보다 29억달러 증가한 수치임
    - 2011년 對칠레 수출액은 전년 대비 45.6% 증가한 159억달러, 미국의 對칠레 수입액은 전년 대비 29.4% 증가한 91억달러였음
  ○ 2010년 미국의 對칠레 외국인 직접 투자(FDI) 금액은 2009년도의 215억달러보다 증가한 263억달러로, 투자는 주로 광산, 금융 및 보험, 제조업 분야에서 이루어짐

가. 수입 정책(Import policies)

□ 미국·칠레 FTA는 2004년 1월1일 발효되었으며, 양자무역 교역품목의 87%의 관세를 즉시 철폐했고, 현재 농산품에 과세되는 관세 역시 2016년까지 철폐할 예정임

□ 칠레는 세계에서 가장 개방된 무역체제를 가지고 있는 나라 중 하나로, 거의 모든 물품에 6%의 단일 관세가 적용됨

---

[14] 2010년부터 동식물 위생 및 검역(SPS, Sanitary and Phytosanitary Measures) 및 무역에 대한 기술 장벽(TBT, Technical Barriers to Trade) 관련 사안은 NTE 보고서와 별도로 발표하고 있음

○ 단, 밀, 밀가루, 설탕에 대해서는 FTA하에서 12년 전환기간(transition period)동안 수입가격 밴드 시스템의 적용으로 인해 더 높은 세율이 적용되게 됨

□ 칠레 정부는 자국 농업보호를 위하여 밀, 밀가루, 설탕, 올리브유에 대하여 가격밴드제(Price Band System)를 유지하고 있음

□ 상기 품목이 수입될 경우 수입자 신고가격과 무관하게 정부에서 일정 가이드라인을 제시하고 있으며, 2014년까지 한시적으로 운영할 예정임
  ○ 가격대를 설정하고 수입 가격이 동 가격대 이하로 낮아질 경우 기본 관세(6%) 이외의 추가 관세를 부과함

□ 수입자들은 19%의 부가가치세를 의무적으로 납부해야 하고 이는 관세평가에 수입관세를 더하여 최종 금액이 산출됨

□ 칠레로 수입할 수 있는 제품들의 수량이나 유형, 외환시장을 이용하는 요구조건에는 사실상 제한이 없음
  ○ 하지만 칠레 세관당국은 3,000달러 이상의 가치를 가지는 모든 수입 건에 대해서 관세당국의 승인과 보고서 제출이 이뤄져야 함
  ○ 상업은행은 3,000달러 미만의 수입을 승인할 수 있음
  ○ 수출입업자들은 중앙은행에 수출입 거래 내역을 의무적으로 보고해야 하며, 상업은행은 수입물품 가격과 관련비용을 커버하기 위해 또한 수입보고 시 승인된 여타 파이낸싱 비용과 이자를 지불하기 위해 불특정 수입업자에게 외국통화를 팔수도 있음

나. 정부 조달(Government Procurement)

□ 칠레의 2003 용역 공급 및 차용 정부계약(No.19,886) 기본법에 따르면, 정부조달에 있어 내국민대우 및 최혜국대우원칙을 보장하며, 기타 차별적인 국산품 우선구매요

건 및 대응구매 관행을 금지함

□ 입찰기회에 관한 정보 등을 효과적으로 제공하기 위해 가급적 전자 통신 수단을 활용하도록 함

다. 지식재산권 보호(Intellectual Property Rights Protection)

□ 칠레는 2007년 이후 미국 정부가 지정한 지적재산권 우선 감시대상 국가(PWL; Priority Watch List)로 분류되고 있음
  ○ 칠레정부의 지속적인 지적재산권 보호에 관한 법률 제정과 단속에도 불구하고, 5년 연속 우선 감시대상 국가임

□ 칠레의 지적재산권 보호 문제는 매년 국내외적으로 이슈가 되어 왔으며 영화, 드라마, 게임, 소프트웨어뿐만 아니라 브랜드와 의약 분야에서도 상당 부분 지재권 침해 사례가 발생하고 있음
  ○ 연간 불법복제품 시장규모가 2억달러 수준인 것으로 파악되고 있음

□ 현재 칠레 지적재산권 분야에서 가장 심각한 침해를 받고 있는 분야는 제약분야의 상표 및 임상실험 결과 보호와 컴퓨터 프로그램, 영화, 음반 등의 콘텐츠임
  ○ 컴퓨터 프로그램의 경우 약 60%, 음반은 50% 이상 불법 복제품인 것으로 파악됨

□ 2012년, 미국은 칠레의 지식재산권 보호를 위한 노력을 계속할 예정이며, 이를 통해 칠레의 지재권 관련 FTA 조항들을 만족시킬 수 있을 것이라고 예상됨
  ○ 칠레는 불공정한 상업적 사용과 승인받지 못한 약품 등의 개봉을 금지해야 하며, 저작권 침해 물품 등 지식재산의 권리자들을 보호하기 위한 효과적인 법적 행정적 절차를 확보해야 함

Ⅲ. 칠레의 통관환경

1. 통관 행정 개요

가. 통관 행정 조직

□ 칠레 관세청(National Customs Service, SNA)은 국경지대를 통과하는 물품 관련 세관 조사와 관세 징수 관리 등의 집행업무(enforcement)를 수행함
  ○ 재무부(Ministerio de Hacienda)의 하부기관(Subsidiary entity)이 아닌, 연계 정부기관(Related Entity)으로서 독립적인 기능을 수행함[15]

□ 칠레 관세청은 중앙부처와 지역세관으로 나누어져 있고, 중앙조직은 10개국으로, 지방행정은 10개의 지방세관, 6개의 세관행정, 39개의 국경관리국으로 구성됨
  ○ 칠레 전역의 세관원은 1,380명이며, 지방세관(direccioin regional aduana)과 세관행정(administracion aduana)으로 분리해서 관리되고 있음
  ○ 발파라이소(Valparaíso) 세관은 칠레의 대표적인 세관으로, 1738년부터 270년 넘는 역사를 가지고 있음

□ 칠레의 세금 행정은 칠레 내국세청(Chilean Tax Service), 국고국(Treasury)과 관세청(National Customs Service)의 3개의 기관에서 맡고 있음
  ○ 내국세청은 세금 법령준수 절차, 회계와 집행관련 업무를 담당함
  ○ 국고국은 국세청과 관세청이 결정한 과도한 채무, 세금과 관세의 징수를 담당함

---

[15] "The National Customs Service is a self-administered public agency, with permanent legal status, under the authority of the Ministry of Finance"
(칠레 경제에너지부(Ministry of Economy and Energy Republic of Chile) 보고서에 수록된 내용임, ftp://ftp.fao.org/FI/DOCUMENT/IPOAS/national/chile/iuu.pdf)

○ 관세청은 국경지대 무역 관세 행정 업무를 담당함

[그림 Ⅲ-1] 칠레의 관세청 조직도

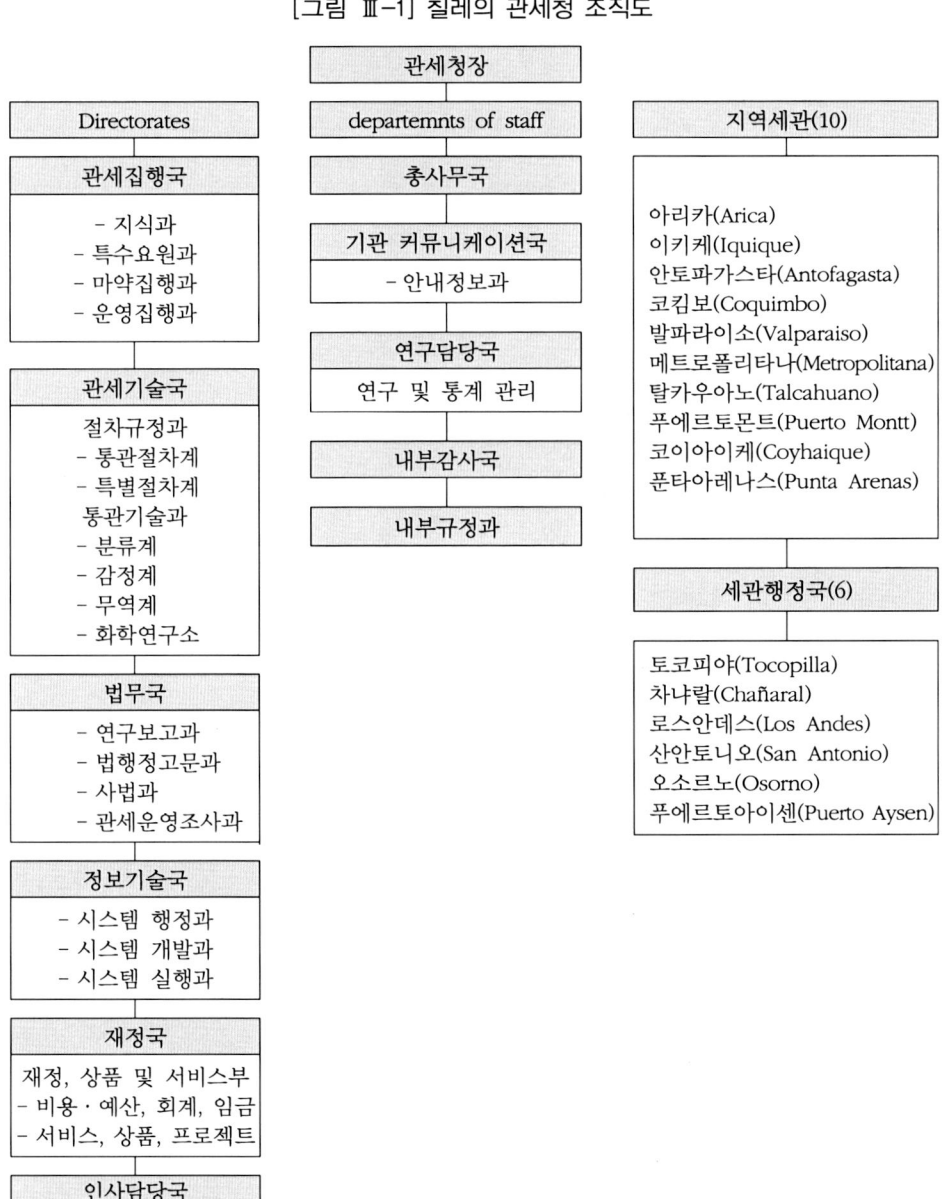

자료: 칠레 관세청(SNA)

□ 관세청의 기능과 임무는 통관절차의 수행, 수출입화물의 검사·감독, 관세법규에 따른 세관 업무의 집행과 밀수에 대한 조사, 통제 및 단속 등임
  ○ 무역 원활화를 위한 서비스 질의 향상
  ○ 세계화에 대응하는 특히 FTA의 실행을 통한 세계화 요구에 대응
  ○ 위험경영기법 시행을 통한 집행과정에서의 효율성 증진
  ○ 조세회피, 밀수, 지재권 침해 물품의 단속
  ○ 세관 현대화를 위한 전자 정보 기술의 통관 절차상에서의 활용
  ○ 관세행정 투명화를 통해 무역업 종사자들에게 공평하고 신속한 질 높은 정보의 제공
  ○ 행정법하에서 형벌절차 개혁 및 조치 시스템 개선
  ○ 무역업 종사자들과 세관과의 관계 강화를 통해 운영방법 개선을 통한 전략적 협동관계의 발전을 장려함

[그림 Ⅲ-2] 지역 세관 분포도

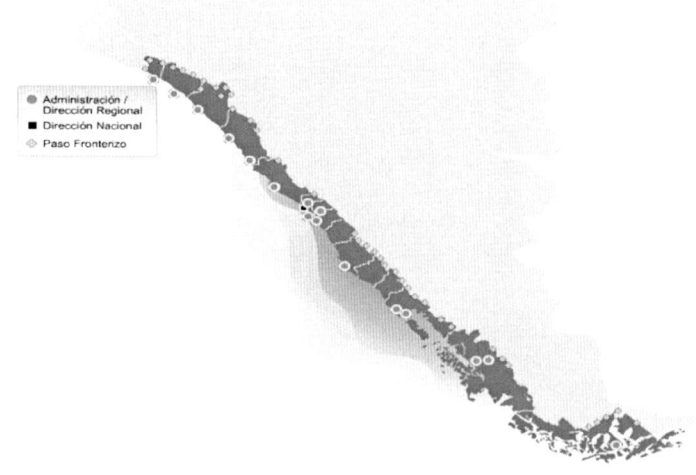

주: Administracion/Direccion Regional 지방세관, Direccion Nacional 중앙세관/ Paso Fronterizo 국경사무소
자료: 칠레 관세청(SNA)

□ 칠레 수입물품에 대한 법령은 관세규정법을 비롯한 6가지에 기초를 두고 있음
- ○ Customs Ordinance, Law No. 30 of 2005
- ○ Organic Customs Law, Decree No. 329-1979
- ○ Customs Tariff, Dec no. 1.019-2001
- ○ Tax Code, Dec no 830-1974
- ○ Compendium of Customs Regulations, no. 1300-2006
- ○ Import of goods into chile and amendments, Law no. 18.535, 19.912-2003

나. 칠레 통관환경 개관

1) 통관 환경의 현대화 노력

□ 1990년 이후 칠레 대외무역 거래량이 급속히 증가하면서, 축적되는 물동량을 효과적으로 관리할 수 있는 시스템이 필요하게 됨
- ○ 칠레 관세청은 무역 민간과 공공조직을 연결해주는 연결처로서, 대외무역 관련 대량의 서류를 생산하고 발급함

□ 국제무역 증가로 인한 관세청의 무역 원활화를 위한 노력의 일환으로 1990년에 EDI[16] 시스템이 도입되었으며, 시간 및 비용단축에 성공했다는 평가를 받고 있음[17]
- ○ 이로 인해, 종이 서류 작업이 줄어들고, 시간에 구애받지 않고 업무를 처리할 수 있으며, 과거에 비해 통관에 소요되는 시간이 줄어듦
- ○ 그 외, 세관의 향상된 화물검사 작업과 보세창고에서 화물 예치시간이 줄어든 점, 통상과 유관된 정부 부처와의 유기적 연결도 용이함

□ EDI 시스템 도입 및 실행에 투입된 비용은 500만달러였으며, 그 중 3분의 2는 무역

---

[16] Electronic Data Interchange
[17] WTO, Chile's Experience with the Modernization of Customs Administrations Based on the Use of Information Technology(2000)

원활화를 위한 논의와 계획 과정에 참가했던 민간부문이 부담했음
  ○ 민간부문의 참여는 동 프로젝트를 실시한 여타 국가에 대비해 한달에 백만달러 이상 예산을 감축할 수 있게 하는 중요 요인이었음

□ 최근 칠레 관세청은 수입화물 검사 시, 정부 규제를 받는 수입품을 탐지하고 식별할 수 있는 HCVM을 도입함[18]
  ○ 폭발물, 화학물, 생물학제, 방사선 위협, 핵 위협, 무기, 마약류, 금지품 등
  ○ 엑스레이 화물 스캐너로, 모바일 시스템을 기반으로 운영됨
  ○ 시스템 기기의 크기가 작고, 비용 대비 효율성을 높였으며, 현장에서도 쉽게 조작할 수 있음

□ 표준 방사성 기반 시스템으로, 철강 투과속도 201~300mm로 선적된 화물 컨테이너를 스캔할 수 있어, 마약 밀수 및 국경 관리에 효과적임
  ○ 컨테이너의 개봉 없이, 시간당 25개의 컨테이너를 검사할 수 있음

□ 재무부 산하의 SICEX(Sistema Integrado de Comercio Exterior)라는 기관은 대외무역 통합 시스템 부서로, 2013년부터 무역통합시스템을 제공할 예정임[19]
  ○ 2004~2006년 전자창(Ventanilla Electronica) 프로젝트를 시작으로, 2007~2012년에 VT COMEX 프로젝트를 통해 SICEX 시스템을 발전시켜나가고 있음
  ○ 관세청(SNA), 농축산부(SAG), 수산부(Sernapesca), 보건부(ISP), 칠레구리위원회(Cochilco), 재무부(MH)가 이 시스템과 제휴한 상태임

□ SICEX이 본격적으로 도입되면, 수출입 통관에 소요되는 시간이 절반으로 감소할 것으로 예상됨
  ○ 현재 수출입의 경우 통관 소요일이 각 6일이었으나, SICEX를 통해 3일로 줄어들 것으로 평가됨

---

18) http://www.smithsdetection.com/HCVMe.php
19) http://www.sicexchile.cl/

○ 수출입 통관 정보 교환, TGR 지불, 시간 및 비용 절약, 절차의 투명성 강화, 국제 표준에 맞춘 현대화된 행정, 시간 제한 없는(하루 24시, 일주일 내내) 업무 처리 가능 등의 이점이 있음
○ SICEX 프로그램은 칠레의 Indra Sistemas Chile S.A.社에서 제공함
○ 프로그램 운용에 대한 정보는 Portalcomercioexterio 접속[20] → Normativa y Procedimientos para la Importación / Exportación de productos 등을 통해 참고할 수 있음

2) 수입 금지 및 제한

□ 관리대상 품목은 무역부(MOT)와 기획투자부(MPI) 등 관계부처와의 협의를 거쳐 선정하고 정부의 최종 승인으로 결정되며, 대상 품목이 수시로 변경될 수 있음에 유의하여야 함

□ 칠레로의 수입 금지 품목은 음란물 등 사회 미풍양속을 해치는 상품, 독성 산업폐기물 등 기본적인 수입금지 품목 이외에 중고 자동차, 중고 또는 재생 타이어, 중고 오토바이, 석면 및 보건부·농축산부 등 정부기관에서 지정한 유해물질을 포함한 제품임
○ 중고 자동차의 수입금지는 환경오염 방지를 위함이며, 구급차, 소방차, 사다리차, 청소차 등 공공목적용 중고 차량의 경우 수입이 가능함
  - 칠레 북부 이키케(Iquique) 및 남부 푼타아레나스(Punta Arenas)와 같은 자유무역지대에서는 중고 자동차 등을 수입, 제3국으로 수출하는 것은 허용하고 있음

□ 칠레의 수입제한 품목은 식물, 무기, 탄약, 화학류, 의약품, 화상품, 생화학품, 식품류, 동물, 방사 등이며, 수입 시 관련 기관의 승인 또는 인증절차가 필요함

□ 특히 의약품 수입에 있어, 칠레 식약청(ISP)은 약국 판매용 의약품에 대한 검사를 강화하고 있으며 2012년에는 검사대상이 전년 대비 3배로 늘어남

---

[20] www.portalcomercioexterior.cl

○ ISP는 매년 60종의 의약품을 검사해왔지만 올해부터는 그 수가 180종으로 늘어 상반기, 하반기 두 차례에 걸쳐 검사될 예정임

□ 검사방법은 식약청의 검사관들이 무작위로 약국을 선택 방문해 의약품에 대한 샘플을 수거해, ISP의 조사기준에 맞춰 조사를 실행한 후 결과를 각 업체로 보내는 방식을 택하고 있음
○ 올해 검사된 약품은 가장 흔히 사용되는 진통제, 항생제, 항우울제 그리고 콜레스테롤 개선제 등이 주를 이루며 현재 칠레에서 일반 유통되는 의약품의 수는 5,000개에 달함

□ 제품이 1차 부적합 판정을 받으면 우선 모든 제품이 회수된 후 추가로 그 약품에 대한 두 차례의 검사가 실시되며, 해당 약품에서만 오류가 검출됐는지 아니면 생산 자체에 문제가 있는 것인지 판단 후 생산의 문제가 있는 것이라면 문제 해결까지 제품의 판매가 금지됨

□ 이 프로그램을 통해 칠레 식약청이 정한 품질 기준을 제약회사들이 준수하는 비율이 높아졌으며, 앞으로도 의약품 안정성 확보 측면에서 긍정적인 영향이 지속될 것으로 예상됨
○ 실제로 이 프로그램을 통해 제품 품질 문제가 상당히 개선됐으며 소비자들도 자신이 복용하는 제품에 대한 정보를 더욱 정확히 알 수 있게 된 것이 칠레 제약시장의 질적 향상을 견인하는 것으로 분석됨[21]

□ 칠레는 2003년부터 국민 경제에 큰 영향을 주는 제품의 경우 수입쿼터를 통해 제한하거나 수입금지 등의 조치를 통해 조절하고 있음
○ 설탕, 육류, 생선, 치즈, 염화칼륨, 식용유 등 일부 농수산물을 민감 품목으로 분류해 수입쿼터를 두고 있음
○ 특정품목에 대한 수입쿼터 제도의 실시는 칠레 정부의 기본 무역 정책 방향인 자

---

[21] La Tercera, 칠레 식약청(ISP)

유 무역 장려에는 상반되는 것이 사실임[22]

〈표 Ⅲ-1〉 칠레 물품별 수입허가기관

물품	기관
무기, 폭발물, 질식성 화학제품 등	국방동원청[1]
격투기관련 서류 및 AV 자료	국방동원청
알코올, 알코올 음료, 식초, 식물	농축산부[2]
식물 및 식물에 유해한 물품	농축산부
동물, 동물성 및 식물성 산물 혹은 부산물	농축산부
비료 및 방충제	농축산부
동·식물가공 식료품	농축산부
모든 종류의 식료품	보건부[3]
의료품, 의료용 또는 미용식품	보건부
마취제 및 중독성이 있는 향정신성물질	보건부
독극물 및 건강유해물질	식품통제본부[4]
핵분열 및 방사능물질, 방사능 유발 도구 및 장비	칠레핵에너지위원회[5]
생육상태를 불문한 수산물 자원(관상용 포함)	수산청[6]
수산물	수산청
무선통신장비 (주파수 사용에 대한 사전 승인이 요구됨)	교통통신부 산하[7]
유해 및 화장한 재	보건부
건전지 배터리 및 축전지폐기물, 아연 납 안티몬 베릴륨 카드뮴 크롬 약품 및 불용성유기물의 폐기물	보건부
CITES에서 보호대상으로 규정한 동식물	야생 동식물 국제협약[8]

주: 1) DGNM(Dirección General de MovilizaciónNacional), www.dgmn.cl
　　2) www.sag.gob.cl
　　3) Servicio de Salud
　　4) www.minsal.cl
　　5) Comisión Chilena de Energía Nuclear(www.cchen.cl)
　　6) Subsecretaría de Pesca(www.subpesca.cl)
　　7) Subsecretaría de Telecomunicaciones(www.subtel.cl)
　　8) Autoridad definida de acuerdo al artículo IX de la Convención(www.cites.org)
자료: 칠레 관세청(SNA)

---

[22] http://www.sag.cl/OpenDocs/asp/pagDefault.asp?boton=Doc53&argInstanciaId=53&argCarpetaId
=2075&argTreeNodosAbiertos=(2075)(-53)&argTreeNodoActual=2075&argTreeNodoSel

3) 반덤핑 및 상계관세

□ 양 당사국은 한·칠레 FTA에 편입된 '1994년도 관세 및 무역에 관한 일반협정'의 권리와 의무가 어떠한 다른 형태의 제한도 금지되는 모든 상황에서 수출가격요건, 상계와 반덤핑 명령 및 약속의 시행을 위해 허용된 것을 제외한 수입가격요건을 부과하는 것을 금지함[23]

□ 덤핑 및 수출국 정부의 보조금 지급으로 인해, 자국 산업 및 고용에 피해가 있다고 판단될 시 수입상품의 가격 왜곡 여부를 조사함

□ 가격왜곡조사위원회[24]의 조사 및 결정에 따라 중앙은행이 해당수입품에 대해 최고 24%까지의 반덤핑 또는 상계관세 부과가 가능함
  ○ 시행기간은 1년이며 1년 단위로 연장 가능함

4) 고충상담제도(OIRS, Oficina de Información, Reclamos y Sugerencias)[25]

□ 고충상담제도는 칠레 수출입 통관과 관련해 다양한 이해관계자들이 온라인을 통해 공공기관의 공무원과 접속할 수 있도록 하는 온라인 민원접수 시스템임

□ 고충상담 제도는 수출입 통관에 개입하는 모든 사용자들이 차별 없이 접속할 수 있는 권리를 보장하며, 통관 정책에 대한 정보 획득, 고충 상담, 항의, 제안 등을 표현할 수 있는 소통창구가 되고 있음

□ 고충상담 제도에 따라 각 지역 세관에는 고충상담실이 마련되어 있으며, 사회적 프로그램과 공공기관들의 업무를 확인하고, 수출입업에 종사하는 경제인들이 정부와

---

23) 「대한민국 정부와 칠레공화국 정부간의 자유무역협정」제3.9조 제2항
24) Comision Nacional de Distorciones de Precios
25) The Offices of Information, Complaints and Suggestions

커뮤니케이션할 수 있도록 함
  ○ 산티아고에 고충상담실 본부와 각 16개의 지역 세관에 설치되어 있음[26]

5) 칠레의 항구와 공항

☐ 칠레 최대 항구는 산티아고에서 1~2시간 거리에 있는 산 안토니오(San Antonio) 항과 발파라이소(Valparaiso)항임
  ○ 나머지 항구들은 규모와 물동량이 매우 적은 편임

☐ 산 안토니오 항은 연간 약 1,444만톤의 화물을 운송하고 있으며, 19개 선박회사가 이용하고 있음

☐ 인근 발파라이소(Valparaiso) 항은 두 번째 규모의 항구로 연간 1,015만톤의 화물을 운송하고 있음

☐ 산티아고 인근으로 오는 수입물량의 경우 FCL 물량은 취항선사에 따라, 산 안토니오 또는 발파라이소에서 수입 통관되고, LCL 물량은 전량 발파라이소에서 수입 통관됨

☐ 항구별로 컨테이너 비용과 창고비, 부대비용 등은 항구별로 상이하고 화물 종류에 따라 책정 기준이 다양하므로 현지 진출 포워딩이나 운송회사를 통해 확인을 권함

☐ 한국 · 칠레 간 해상 운송기간은 약 40일 정도 소요되나, 영세업체를 통해 LCL로 물품을 발송할 경우 컨테이너가 다 찰 때까지 업체에서 컨테이너를 선적하지 않는 경우가 발생하기도 하므로 반드시 선적일을 확인해야 함

---

[26] 부록 V 참고

<표 III-2> 지역별 주요 항구

(단위: 톤)

항구	홈페이지	물동량
Puerto de Arica	www.puertoarica.cl	2,131,367
Coquimbo	www.puertocoquimbo.cl	250,000
San Antonio	www.saiport.cl	14,435,472
Valparaiso	www.portvalparaiso.cl	10,151,112
Talcahuano	www.puertotalcahuano.cl	-
Puerto Montt	www.empormontt.cl	-
Punta Arenas	www.epa.co.cl	-

주: 2010년 기준
자료: 칠레 각 항구 운영회사 홈페이지

다. 수출입품에 부과되는 내국세

□ 외국으로부터 수입되는 제품에 부과되는 주요 국세는 수입관세, 부가가치세, 특별소비세 등임

□ 칠레는 세금 계산 시 UTM(Unidad Tributaria Mensual)이라는 가상 화폐단위를 사용하고 있음
  ○ 2012년 12월 기준 UTM 1 = 40,206페소(약 91달러)임[27]

1) 관세(Tariff)[28]

□ 무역협정 미체결국으로부터 수입되는 상품에는 현재 물품가액의 6%에 해당하는 단일관세가 부과되고, 지역협정체결국의 경우 협정내용에 따라 무관세가 적용되거나 매년 점진적으로 철폐되는 경우가 있어 확인이 필요함

---

27) http://www.bcentral.cl/index.asp의 인덱스 참고
28) 외교통상부, 2010

○ 2003년 1월부터 적용되었으며, 관세는 종가세(Ad Valorem)로 CIF 가격을 기준으로 함

□ 현재 칠레의 한국 수입관세율은 0.6% 수준으로, 칠레는 2015년부터 수입관세를 전면 폐지하기로 함
  ○ 한국산의 對칠레 수입관세율은 관세청 'FTA 포털사이트'에서 'FTA세율'을 클릭하여 확인할 수 있음
  ○ 칠레 정부는 법인세 인상, 소득세 인하, 녹색세 신설 등을 포함하는 세제 개혁을 추진 중이며, 이 세제 개혁의 일환으로 수입관세 완전 폐지도 계획 중이라고 발표함
  ○ 만약 칠레에서 수입관세 폐지 법안이 통과되면 칠레는 홍콩, 싱가포르, 마카오, 스위스에 이어 세계에서 다섯 번째로 수입관세를 철폐한 국가가 됨

□ 칠레와 FTA 또는 경제보완협정 등의 무역협정을 체결하고 있는 국가로부터 수입된 상품에 대해서는 해당 협정 내용에 준하는 관세율을 부과함[29]
  ○ FTA 및 경제보완협정 체결국에는 평균 1.2% 수입관세율을 부과하고 있음
  ○ 칠레는 미국, EU, 중국, 일본 등 50여 개국과 FTA를 체결하고 있으며, 2010년 기준 실질 수입관세율은 1.2% 미만임

2) 그 외 수입부과금

□ 수입물품 통관 시 전 품목에 19%의 부가가치세(Impuesto al Valor Agregado, IVA)를 일률적으로 적용함

□ 부가가치세는 칠레의 중요 세목으로, 개인, 법인, 정부기관 및 공공기관을 납세의무 대상자로 함
  ○ 재화 또는 용역의 제공 및 건설회사의 부동산 판매 시, 재화 또는 용역의 수입 시 과세함

---

29) http://www.fta.go.kr/new/ftakorea/kor_chile.asp?country_idx=11

□ 부가가치세는 다음달 12일까지 매월 신고·납부하여야 하며, 부가가치세 산출방식은 우리나라와 동일하게 매출세액에서 매입세액을 공제하는 방식임
  ○ 환급세액이 발생할 경우 다음 달로 이월하여 공제 가능하며, 수출하는 제품 및 수출용원자재 등은 면세임

□ 관세, 부가가치세와는 별도로 일부 품목에 대해서는 추가세금(Sobretasa)이 부과되고 있음

□ 추가세금은 주류, 음료수, 사치품의 판매 및 수입에 대해 6% 이외에 부과되는 추가 관세임
  ○ 부가가치세에 추가하여 과세되며, 동일 과세표준을 적용함
  ○ 세율은 8종류(3, 5, 8, 10, 12, 15, 18, 20%)로 적용기간은 1년이며, 1년 단위로 연장 가능함

□ 주류세는 알코올 도수에 따라 15~27% 세율을 적용함
  ○ 알코올 음료는 피스코(Pisco, 칠레 전통주), 위스키, 포도주, 맥주 등을 포함하며, 비알코올 음료는 13% 세율을 적용함
  ○ 단, 소매상이 최종소비자에게 판매하는 비알코올 음료에는 주류세가 비과세됨

□ 특별소비세는 부가가치세에 별도로 15%가 추가되어 과세됨
  ○ 금, 보석류, 모피, 상아, 백금 등은 거래단계마다 특별소비세가 부과됨
  ○ 일부 품목의 경우에는 최초 수입 또는 판매 단계에서만 부과됨

□ 담배세 담배 제품별로 세율이 다르며, 유류세는 수입 휘발유 및 경유의 최초 판매 시 부과됨
  ○ 세율은 최종판매가격에 62.3%를 적용함

〈표 Ⅲ-3〉 추가세금 종류

(단위: %)

세금 종류	세율
주세	15~27
음료세(비알코올 음료)	13
사치세(금, 보석, 상아 등)	15
담배세	시가 52.6, 궐련 59.7, 담배 62.3
유류세	1㎥당 가솔린 6UTM, 디젤 1.5UTM

주: UTM 1 = 약 91달러(2012. 12기준)
자료: 칠레 국세청(SII)

□ 관세부과는 CIF 가격을 기준으로 산정되며, 만약 수입품목의 가격이 1,000달러라고 가정했을 때, 관세율이 0%, 부가가치세율이 19%라면 총세금은 약 261달러임
  ○ 수입품목의 CIF 가격이 1,000달러이고, 해당품목 관세율이 6%, 부가가치세율이 19%라고 할 때
    − 관세: 1,000달러 × 0.6% = 60달러
    − 부가가치세: (1,000달러 + 관세 60달러) × 19% = 201.40달러
    − 총세금: 관세 60 + 부가가치세 201.40 = 261.40달러(즉, 유효세율 26.14%)
  ○ 부가가치세의 경우 현지 수입업자가 제품 수입 시 납부하는 것이 일반적임

라. 라벨링(Labelling)[30]

□ 칠레 내에서 유통되는 모든 수입 재화는 라벨에 관한 규정을 준수하여야 하며, 소비자의 권리 보호와 지방 정부의 검사·관리를 위해서 수입된 재화의 포장 용기에 표기해야 하는 필수 항목들을 규정하고 있음

□ 소비재는 판매 전에 제조 국가의 상표를 부착해야 하며, 기본적으로 라벨에 인쇄된 글자, 숫자, 그림, 기호, 상징이 명확해야 함

---

30) 관련법령은 Decree(시행령) No.89/2006/ND-CP(2006. 8. 30)

□ 칠레 내 유통을 목적으로 한 수입 재화의 라벨은 칠레 법에서 규정한 필수 정보에 대해 스페인어로 표기하여 제조자 라벨 내용에 추가하거나, 제조자 라벨 옆에 수입업체의 라벨을 별도 부착하도록 함

□ 법에서 규정하는 필수 정보는 상품명과 제품의 성분을 비롯한 약 8가지임
　○ 상품명
　○ 제품에 대한 책임을 가진 사업장의 상호 및 주소(수입 제품의 경우 수입업체, 대리인, 유통업체)
　○ 국제 척도에 부합하는 수량 정보(예: 생산일련번호, 순중량, 부피, 지름)
　○ 제품의 구성(주요 성분)
　○ 주요 품질 지표(사용량의 제한, 인간과 환경의 안전)
　○ 제조년월일, 사용기간, 보존기간
　○ 사용법, 보존방법
　○ 제품의 원산지

□ 칠레로 수입되는 캔 혹은 포장재 식품류는 반드시 스페인어로 모든 식품 구성성분, 첨가물, 제조 및 유효기간, 생산자 및 수입업자 성명 등의 정보가 제공되어야 함
　○ 순질량은 미터법 단위나 단위 기호를 사용한 국제 표시 체계 또는 완전한 글자로 표시함
　○ 순질량 숫자는 모호한 용어와 함께 쓰여서는 안 되며, 액체 매개물에 포장된 식품은 순질량과 함께 수분 제외 중량을 미터법이나 국제 시스템으로 표시해야 함

□ 원산 국가는 수입 제품뿐 아니라 국내 제품에도 뚜렷이 명시되어야 함
　○ 칠레에서의 가공으로 제품의 물리적, 화학적, 생물학적, 유기적 속성에 변화가 생길 경우, 국내 제품으로 간주되며 제품이 칠레에서 재포장만 된 경우에는 이러한 사실과 원산 국가가 모두 표시되어야 함

□ 사용 지침에는 자주 수입되는 항목의 경우, 수입 및 소비 허가가 동일한 위생 당국에

서 발표되었다면 해당 기관이 원산 국가에 표지를 인가할 수 있음
- ○ 수입된 식품의 경우, 포장 표지는 생산 묶음(batch)이나 로트, 모든 기타 표지 기준을 보여주는 키 번호를 지워지지 않게 기재하며, 수입 및 소비 허가서는 개별 묶음에 대해 발급되며 각 묶음은 모든 검사를 거쳐야 함

마. 표준 및 인증(SEC, ISP)

□ 칠레에서 전기 및 난방 제품을 시판하기 위해서는 칠레 전기연료관리국(Superintendencia de Electricidad y Combustibles, 이하 SEC)이 규정하고 있는 안전 검사인증을 통과하여야 함
- ○ 인증 대상 품목이 계속 확대되고 있는 추세이므로, 제품 수출 시 바이어를 통해 해당 품목의 인증이 필요한지 여부를 체크해야 함

□ 인증이 필요한 주요 품목은 가전제품, 난로, 온수기, 전선, 전기, 콘센트, 스위치, 전기회로, 조명기구, 전구, 가스 및 기타 연료를 사용하는 제품 등
- ○ 2011년에 새롭게 인증대상으로 포함된 품목은 디지털 TV 및 디지털 TV 디코더, 가로등 전구, 전기계량기 등임

□ 또한 각종 해외 안전 인증을 보유한 제품이라 하더라도 SEC 인증 대상일 경우 지정한 인증기관을 통해 칠레 인증을 획득해야 함
- ○ 현지 인증기관은 CAM, Centigas 등 SEC이 지정해 놓은 10여 개의 업체가 대행하고 있음
- ○ 최근에는 칠레의 인증기관과 제휴관계에 있는 해외 인증기관을 통해 현지에서 인증 심사를 받을 수 있는 방법이 있으므로, 수입업체를 통해 국내에 칠레 인증기관의 제휴 기관이 있는지 파악해 수출 전에 인증 심사를 받을 수 있음

□ SEC 인증 시 각국의 인증을 보유하고 있는 제품은 인증 절차가 다소 간소함
- ○ UL(미국), VDE(독일), NF(프랑스), IMQ(이탈리아), KEMA-KEUR(네덜란드),

OVE(오스트리아), SEV(스위스), BEAB(영국), CSA(캐나다), JIS(일본), DEMKO(덴마크), SEMKO(스웨덴), NEMKO(노르웨이), CEBEC(벨기에), SABS(남아프리카공화국), AENOR(스페인) 등

□ 의약품, 화장품, 살충제 등을 시판하기 위해서는 칠레 보건부 산하의 공중보건 관리기관인 칠레 식약청(Instituto de Salud Publica, 이하 ISP)에 등록해야 함
  ○ ISP에서는 칠레 제조업체에 대한 생산설비 감사와 품질관리를 감독하고 있음

□ 식품 수입 관리는 보건부 수도권 지청(Secretaria Regional Ministerial de Salud Region Metropolitana)에서 실시하며 크게 세관검사와 사용 및 처분 승인으로 나누어 실시함
  ○ 칠레 중앙부처는 지방행정업무를 관리하기 위해 지방마다 사무소를 두고 있음

□ 의약품의 경우, ISP에서 칠레 제조업체에 대한 생산설비 감사와 품질관리를 감독하고 있으며, 수입된 의약품에 대해서는 품질관리 대신 3가지에 대한 검사만을 실시함
  ○ 보건당국에 이미 등록된 제품인지 여부, 수입된 제품이 신고 당시 제품과 동일한지 여부, 약품 제조업체가 WTO GMP기준을 충족하는지를 확인함

□ 약품의 주성분이 보건당국에 등록된 적이 없는 새로운 것일 경우 ISP에 등록 수수료와 임상보고서, 검토결과 등을 관련 서류를 제출하면 몇 가지 효능 및 안전성 검사를 실시함
  ○ 등록 수수료는 1,100~1,500달러 정도임

바. 관세 평가, 환급 및 유보 제도

□ 칠레의 관세 평가란, 칠레 국내법에 따른 수입물품의 과세가격을 결정하는 절차와 방법을 말하며, 별도의 할인 없이 칠레는 거래가격(Transaction value)을 토대로 한 CIF 금액을 기초로 세액을 결정함

□ 중고품일 경우 관세청이 중고품과 유사품의 새 제품 가격의 1년당 10~70% 사이에서 할인하여 평가함

□ 칠레는 2002년 이후부터 WTO 관세 평가 협정 기준을 준수하고 있음[31]
  ○ 관세 평가 협정은 'GATT 신평가협정'의 이름을 'GATT 제7조 시행에 관한 협정 1994'로 바꾸게 되고, 이것이 1995년 이후 WTO 체제에서의 WTO 관세 평가 협정이 됨
  ○ 칠레는 1995년 WTO에 가입했으며, 관세 평가 기준은 2002년 이후 적용함

□ 과세기준 산출은 송장별로 하며, 세관은 3년 내 과세기준 가격을 재검사할 수 있음

□ 관세 환급제도는 수출 상품 제조용 원자재에 대한 수입관세를 환급하는 것임[32]

□ 수출제조용으로 수입된 원자재, 중간재 등이 180일 이내에 원래 용도로 사용되고 투입재가 수출품 FOB가격의 10%를 넘지 않을 경우, 수입관세 및 부가가치세의 최고 10%까지 환급 가능함

□ 비전통 수출상품 제조에 사용된 수입원자재의 경우, 특정 1년간 수출품 FOB가격이 일정금액 이하일 경우 FOB가격의 최고 10%까지 환급됨
  ○ 116만달러 이하 10%, 174만달러 이하 5%, 209만달러 이하 3%

□ 수출용 자본재 수입 시, 3년에서 7년까지 관세납부를 유보하며 일정금액 이상 수출 시에는 납부의무 면제됨
  ○ 재무부는 수출용으로 국내산 자본재를 구입 시 부가가치세의 73%에 달하는 융자를 3~7년 내 상환조건으로 제공하며 일정금액 이상 수출 시에는 상환 의무 면제됨

---

[31] Law No.19.912, No.18.525, Decree No.1.134 참고
[32] 관세 환급(RESTITUCION DE DERECHOS ARANCELARIOS)의 근거법령은 45/2005/QH11(2005. 6.14), 154/2005/ND-CP(2005.12.15), 194/2010/TT-BTC(2010.12. 6), 한국무역협회 자료에

□ 칠레는 최근 비전통상품[33] 수출 시 제품의 50%가 수입된 원자재로 제조되었을 경우 수출 가격의 3%까지 관세를 환급해주는 제도를 시행하고 있음

□ 하지만, 칠레 정부의 관세 환급 정책에 따라 2013년을 시작으로 허용되는 관세 환급액은 점차 감소하여 2016년에는 0에 이를 것임

□ 관세 유보 제도를 통해 1년 동안 임시 반입이 허가되며, 같은 기간 동안 연장 가능함

□ 임시 반입된 물품은 내국 화물화되지 않은 상태에서 칠레 영토 내에 머물 수 있으며, 일정관세율에 해당하는 세금과 부가가치세가 과세됨
  ○ 부가가치세의 경우 30일 동안은 5%, 120일까지 40%, 121일 이상 100% 징수함

□ 단, 물품이 칠레에 반입된 후에도, 공급자가 물품에 대한 소유를 유지할 수 있는 유용한 도구, 임시반입물품 대상 중 샘플 및 부품 등은 과세 대상에서 제외됨
  ○ FTA 제 3.5조 (1)항에 명시된 물품(전문장비 언론장비, 음향기기, 방송용 TV 또는 영상기기, 상업적 가치가 없는 샘플 스포츠 행사 및 시범을 위한 물품)

□ 수출품 생산을 위한 기계류 및 수송차량 등 자본재 수입 시 7년간 수입관세 납부 유예를 인정하고, 매년 설정되는 목표수출비율(총수출액/총생산액) 달성 시 수입관세를 면제함
  ○ DL 600에 근거하여 정부와 계약을 체결한 기업이 칠레 국내에서 생산되지 않는 기계류 등 자본재를 수입하는 경우 부가가치세가 면제됨
  ○ 원자재 · 중간재를 사용, 제조한 상품을 16개월 이내에 수출하는 경우 동 상품 제조에 사용된 원자재 · 중간재의 수입 관세를 환급함

---

[33] 전통상품의 반대말로, 문맥상 종전에 주요 교역품은 아니나, 수출진흥을 목적으로 수출에 주력 상품화시킬 품목

2. 칠레의 통관 절차

가. 수입 통관 절차

□ 칠레의 수입통관은 도착한 수입물품이 하역 뒤 보세구역에 반입된 후 ① 수입 신고 → ② 서류 및 물품 심사 → ③ 관세 및 재세 납부 → ④ 물품 반출 순서로 이루어지며, 통관은 통상적으로 48시간 정도 소요됨

□ 거의 모든 품목의 수입이 자유화되어 있으며, 자연인 또는 법인을 불문하고 수입이 가능함

□ 수입 통관 시 요구되는 필수 서류는 총 5개며, 그 외 수입물품에 따라 필요한 서류는 사전 확인하여 제출해야 함
  ○ 선하증권(B/L, Bill of Lading) 또는 항공화물운송장(AWB, Air Way Bill)
  ○ 상업송장(Commercial Invoice) 원본
  ○ 가격신고서(Value Declaration Form)
  ○ 포장명세서(Packing List)
  ○ 보험증명서(Insurance Certificate)
  ○ 원산지증명서(Certificate of Origin)
  ○ 그 외 수입물품에 필요한 각종 허가, 증명서 등

□ 칠레 현지에서 DIN[34]라고 불리는 수입신고는 반드시 물품 반입 전에 이루어져야 하며, 관세당국에 접수되어야 함
  ○ 현재 수입 신고는 전산과 서류 신고 모두 가능하며, 물품을 하역하는 항만의 세관에서 통관을 진행하여야 함
  ○ 3,000달러 이상의 물품 수입 시 통계 목적상 DIN을 관세청[35]에 제출해야 함

---

[34] Declatacion de Ingreso
[35] www.aduana.cl

- 이는 규제가 아니라 통계작성 및 외환수급 관리를 목적으로 하는 것으로서, 동 신고서의 유효기간은 발급일로부터 120일임

□ 수입신고서(DIN)에는 ① 수출업자, 운송업자, 수입업자 혹은 화주의 정보, ② 어떤 통관대리인을 쓸 것인지, ③ 수입업자의 납세등록번호, ④ 물품 상세내역서(HS 코드, 중량, 수량, 단위(개당)가격), ⑤ 관세평가의 정보가 기재되어야 함

□ 가격 신고서는 관세평가와 통관대리인에게 주는 것을 목적으로 물품 가격 관련 수입 업자의 증명서이며, 원산지 증명서는 특혜 무역협정(PTA, FTA 등)에 해당하는 수입의 경우 함께 제출해야 함

□ 칠레 세관은 수출송장 기준으로 1,000달러 이상인 물품에 대해서는 반드시 전문 통관사36)를 통해 수입 절차를 진행하도록 규정하고 있음
  ○ 단, 500달러 미만의 비상업용 수입물품의 경우 전문 통관사 없이 수입할 수 있음

□ 농수산물의 경우 사전에 해당 기관의 승인을 받아야 하며, 별도의 양식을 제출해야 한·칠레 협정세율 적용이 가능함

□ 칠레는 대외 교역이 활성화된 국가로, 다른 중남미국들에 비해 통관이 신속·간편하고, 관세율 체계도 단순한 편임

□ FTA 관세율을 적용받기 위해서는 원산지 증명서를 반드시 제출해야 하며, 수출업체의 자발적인 원산지 증명서 작성 및 제출이 요구됨
  ○ FTA를 체결한 국가의 상품에 대해서는 수출업자가 작성·서명한 원산지증명서를 세관에 제출하면 협정관세 적용이 가능함
  ○ 2012년 1월 1일부터 한·칠레 FTA 원산지증명서 서식이 변경되었으며, 동 서식은 2012년 1월 1일부터 수출국에서 선적하는 물품부터 적용됨

---

36) 현지 통관대행업체 리스트 부록 참고

- 이에 대한상공회의소, 세관 및 칠레로 수출하는 기업은 반드시 동 사실을 인지해, 변경된 서식을 이용해야 함[37]
- 분실·도난·훼손 등으로 원산지증명서를 제출하지 못할 경우에는 물품의 수입신고일로부터 1년 이내에 증명서를 사후 제출하면 초과 지불한 관세를 환급받을 수 있음

□ 식품표지의 사전 승인이란, 식품 반입 전에 보건부의 식품표지의 검토 및 승인을 받아야 함을 뜻함
- 만약 산티아고 주변의 메트로폴리탄지역으로 식품을 반입하려는 경우는 산티아고에 위치한 보건서비스사무국(SEREMI de Salud)에 식품표지의 견본을 제출하여야 함

□ 식품수입신고 시, 제출하여야 하는 구비서류는 수입신고서 원본 및 사본 5부, 제품 운송중의 위생상태 증명 서류 및 증빙 사진[38], 항공화물증권, 해상선하증권, 화물송장 등임

□ 수입신고 후, 식품 수입허가 및 통관승인을 요청해야 하는데 이는 보건부에 의해 샘플링 및 검사 중인 기타상품과 구별되어 보관되어야 할 물품의 경우, 세관으로부터 제품의 회수와 보세창고로의 운송을 인가하는 절차임
- 칠레 보건부에 '식품수입허가' 및 칠레 세관에 '통관승인'을 획득하기 위해서는 보통 72시간(근무일 기준 3일)이 소요됨
- 요청양식은 각 지역의 해당 통관서비스사무국[39]에서 얻을 수 있으며 업무시간은 월요일부터 금요일, 오전 8시 30분부터 오후 3시까지임

□ 수입허가 및 통관승인 요청 후, 칠레 보건부는 표본 채취를 통한 정밀검사 여부를 결

---

[37] 부록의 서류 양식 참고
[38] 제품이 세관을 떠나 이동될 창고의 위생 상태를 증명한 서류 및 증빙사진
[39] Oficina Atencion al Usuario, Santiago, Av. Bulnes 194

정하며, 검토 결과 정밀검사 실시로 판정되면 보건서비스사무국은 수입업자 혹은 대리인에게 이를 통지함

□ 수입업자 또는 대리인은 원활한 검사의 진행과 수입하고자 하는 식품의 타당성을 입증하기 위한 참고서류를 제출할 수 있음[40]
  ○ 미생물학적 질량, 물리적 화학분석 증명서
  ○ 식품이 인체섭취에 적합하며 국제적으로 자유롭게 판매됨을 확인하는 원산지국가의 보건부처에서 발급한 자유판매증명서 또는 위생증명서
  ○ 기술 자료
  ○ 표지, 빈 컨테이너 또는 포장
  ○ 방사선 조사식품의 경우, 포장 설명 및 용량을 표시한 증명서, 식품을 방사선 조사한 공장을 인가하는 해당 정부기관에서 발급한 증명서, 공장이 방사선 조사 공장의 국제목록에 포함됨을 인정하는 증명서임
    - 원산 국가에서 발급되는 증명서는 스페인어로 완성되거나 번역되어야 하며, 샘플링 및 실험비용은 킬로그램 단위의 제품 중량에 따라 산정됨

□ 식품이 칠레에 도착하여 통관 전에 보관되는 지역의 칠레 보건부 소속 위생서비스사무국은 수입식품의 표본채취 및 정밀검사를 실시함
  ○ 이 과정은 실험분석이 포함되며 잠재적인 위생상 위험 및 필요한 테스트에 따라 최대 4주까지 소요될 수 있음
  ○ 진행 중 필요서류는 수입허가요청서 원본 및 사본 1부, 원산 국가에서 콜레라가 발생한 경우, 신선 해산물의 무콜레라 증명서 1부, 육류의 경우, 호르몬이 포함되지 않았다는 내용이 포함된 위생증명서 1부임

□ 칠레 보건부의 보건서비스사무국은 정밀검사 불필요 판정의 경우와 위생서비스사무국으로부터 정밀검사 적합판정을 통보받은 경우, 수입허가서를 발급함

---

[40] 칠레 보건부

□ 칠레 세관은 해당 수입식품의 관할 보건서비스사무국으로부터 발급된 수입허가서에 따라 화물의 칠레 내 반입을 승인함[41]

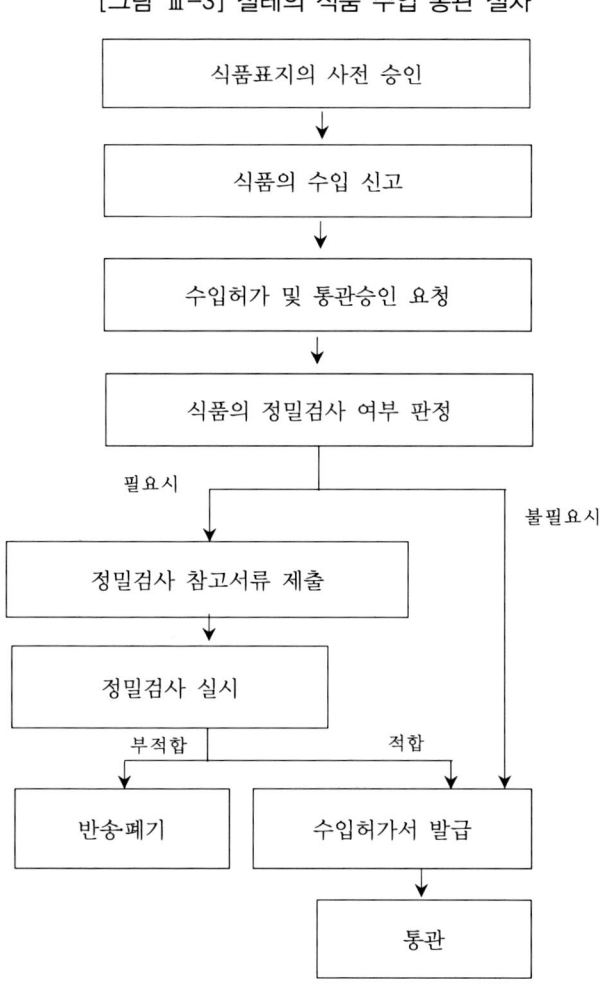

[그림 Ⅲ-3] 칠레의 식품 수입 통관 절차

자료: 칠레 관세청(SNA), 칠레 농축산부(SAG)[42]

---

41) SEREMI DE SALUD, http://www.asrm.cl/Archivos/Servicios/PROCEDIMIENTO%20PARA%20IMPORTACI%C3%93N%20DE%20ALIMENTOS.pdf
42) http://www.sag.cl/common/asp/pagAtachadorVisualizador.asp?argCryptedData=GP1TkTXdhRJAS2Wp3v88hBrFQhoo9eck&argModo=&argOrigen=BD&argFlagYaGrabados=&argAr

□ 세관 검사는 수입업자의 세관신고서와 수입 물품 서류의 일치 여부에 대한 확인과 수입된 재화에 대한 실제적인 검사를 포함함
  ○ 전체 수입물품의 5~10% 정도가 물품 가격의 적합성 평가 및 화물검사를 받게 됨

□ 칠레로 식품을 수입하여 판매하려는 수입업체의 경우, 화물별로 칠레 보건국의 통관 및 판매에 대한 허가와 검사를 받아야 함

□ 검사 후 이상이 없을 때, 세관은 관세와 기타 수입세금을 승인하며 승인일로부터 15일까지, 세관에서 물품이 통과되기 전까지 세금납부를 완료해야 함
  ○ 세금납부 기한 내에 납부하지 않으면 벌금이 있으며, 직접 방문하여 납부해야 함
  ○ 주류 등은 고급사치품과 함께 특별소비세 · 주세 등이 추가 부과됨
    − 주세는 미네랄 · 인공음료는 13%, 포도주 · 샴페인 · 맥주는 15%, 위스키 · 소주 등 증류주는 27%가 각각 부과됨

□ 세금 납부는 TGR(Tesorería General de la República)의 전자납부 시스템을 통해 결제함[43]

□ 통관절차가 완료된 물품의 반출기한은 90일이며, 기한 내 해당 물품을 반출하지 않으면 소유권 포기로 간주함[44]
  ○ 수입 물품은 세관으로부터 90일 이내에 반출해야 하며, 반출이 지연되면 창고 보관료가 누적 적용됨
  ○ 90일 이내 반출하지 않으면 수입물품을 포기한 것으로 간주함

□ 전 세계적으로 정부보조금이 일반화되어 있는 품목의 수입이, 칠레의 해당 산업에 피해를 주는 경우, 수입상품 가격왜곡 조사위원회 결정에 따라 동 품목 최저수입가

---

chivoId=3811
43) www.tesoreria.gob.cl
44) Plazo de Almacenamiento. 4.1항 참고

(Valores Aduaneros Minimos, VAM)가 설정됨
- ○ 가격왜곡을 조사하는 가격왜곡 조사위원회를 운영하고 있으며, 중앙은행에 설치되어 있음
  - 중앙은행 2명, 경제부, 재무부, 농업부, 외교부, 관세청 각 1명 및 위원장 1명 등 총 8명으로 구성됨

□ 환적용 수입 물품[45]은 이키케(Iquique), 아리카(Arica) 등 지정 항구에서만 반입이 가능하며, 보세창고에 15일간 보관할 수 있음
- ○ 환적 가능항(8개): Antofagasta, Arica, Coquimbo, Iquique, Puerto Montto, Punta Arenas, Talcahuano, Valparaiso

□ 한·칠레 간 해상 운송기간은 약 40일 정도 소요됨

나. 수출 통관 절차

□ 세관 항구를 통해 수출 통관 처리되어야 하며, 물품 가격이 1,000달러 이상일 때 수출업자는 수출신고서(DUS)[46]를 반드시 제출해야 함

□ FOB 2,000달러 이상의 물품 수출 시 관세청에 수출 신고서(Informe de Exportación) 제출이 필요함
- ○ 전략수출품목인 구리는 칠레동위원회(Comision Chilena de Cobre)의 통제하에 수출함

□ 수출업자는 통관 대행업체를 통해 관세청에 'Documento Unico de Salida-Aceptacion a Tramite-DUS-AT'에 필요정보를 기재하여 제출해야 함

---

45) 환적화물(Transhipment)이란 화물을 운송 도중 다른 선박이나 운송기관에 옮겨 싣는 것을 의미하여, 주로 목적항까지 직항선이 없거나 여러 우송수단을 복합적으로 사용하는 복합운송인 경우가 많음
46) Documento Unico de Salida

□ 수출 신고서와는 별도로, FOB 2,000달러 이상의 수출물품은 수출 등록증을 작성해야 함
    ○ 이는 무역 데이터를 수집하기 위함이며, 수출입업자들에 사용되는 서류양식은 상업송장, 원산지증명서, 선하증권, 운반보험증, 포장명세서임

□ 나무, 와인, 포도 등의 농림산물의 경우 수출 전에 검역증(phytosanitary certificate) 구비가 필수임

□ 비전통상품의 소액 수출 건에 대해 수출장려금 지급제도를 실시하고 있음
    ○ 단일상품 연간 수출액이 1천만달러 이하일 경우 수출액의 10%, 1,500만달러 이하인 경우 수출액의 5%를 지급함

Ⅳ. 통관 절차별 고려 사항

〈표 Ⅳ-1〉 칠레 통관 절차별 유의 사항

단 계	유의 사항
1. 수입 신고 전 준비	○ 수입신고 금액이 1,000달러 이상일 경우 통관 대행업체 고용이 의무적 ○ 수입 통관 시 구비서류를 빠짐없이 준비해야 하며, 특히 상업송장은 스페인어로 작성하는 것이 필수 ○ 칠레로 식품을 수입하기 위해서는 화물별로 칠레 보건국의 통관 및 판매에 대한 사전 허가 필요 ○ 수출품목의 특별소비세 부과대상 여부 확인이 필요하며, 사전 수입신고를 하면 통관 소요시간 단축 가능 ○ 한·칠레 FTA세율을 적용받기 위해서는 협정에 따라 원산지 증명서 구비 - 원산지 증명서 발급 이후 그 내용의 오류를 발견하면, 30일 이내에 수출통관 세관과 칠레 수입자에게 수정 통보
2. 수입 신고 및 세관 심사 단계	○ 세관원들이 여타 중남미 국가에 비해 청렴한 편으로 급행료 명목의 뇌물수수는 지양 ○ 식품에 대한 검사는 식품이 수입된 세관 지역의 보건부 지청이 담당 ○ 오존파괴물질(SOD) 등록은 모든 수입업자에게 해당되는 의무이며, SOD 규제 대상 물질은 크게 CFC, Halon, 기타성분인 3가지 그룹으로 분류되어 총 20가지 물질의 사용이 규제 ○ 전체 수입품의 5~10%에 대해 물품 가격의 적합성 평가 및 화물검사 실시
3. 관세 및 제세 납부	○ 수입신고 승인일로부터 15일까지, 물품 통과 전까지 세금납부를 완료 ○ 중고차 수입을 금지하고 있으나, '이키케(Iquique) 자유무역지역'에서는 중고차 수입이 가능하며 CIF가격의 3%에 해당하는 추가수입비용 지불 ○ 세금 납부는 통관 업체를 통해 자동 산출 및 전자 결제되며, 이는 TGR(Tesoreria General de Republica)의 전자 납부 시스템에 의해 운영 - 세금 정보 조회는 TGR 홈페이지의 Pagos Aduana Agente에 통관사 고유번호를 입력하면 열람 가능
4. 물품 반출 및 환급	○ 사전허가 및 승인이 불필요한 수입품의 통관 소요일은 근무일 기준 2일 ○ 통관절차가 완료된 물품의 반출기한은 90일이며, 기한 내 해당 물품을 반출하지 않으면 소유권 포기로 간주 ○ 칠레는 최근 비전통상품 수출 시, 제품의 50%가 수입된 원자재로 제조되었을 경우 수출 가격의 3%까지 관세를 환급해주는 제도를 시행

1. 수입 신고 전 준비 단계

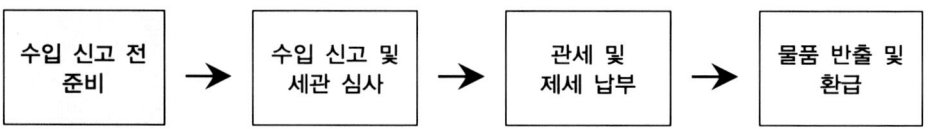

가. 통관 절차상 특이사항

□ 수입신고 금액이 1,000달러 이상일 경우 통관대행업체를 고용하는 것이 의무적임[47]
  ○ 2008년 기준 236개 통관업체들이 칠레에서 영업하고 있음
  ○ 단, 무역자유지대는 금액기준을 두는 것에서 제외되므로, 통관업체 고용의 의무가 없음[48]

□ 수입 신고를 하기 위해서는 수입 신고서와 함께 선하증권(B/L, Bill of Lading) 또는 항공 운송장(Air Way Bill), 상업송장(Commercial Invoice), 포장명세서(Packing List), 수입계약서, 기타 세관이 필요로 하는 서류 등의 준비가 필요함

□ 칠레로 물품을 수입함에 있어 한·칠레 FTA의 협정 세율을 적용받기 위해서는 원산지 증명서를 반드시 구비하여야 함
  ○ 한·칠레 FTA의 원산지 증명서는 기관 발급되도록 규정하고 있으므로, 정해진 기관인 대한상공회의소와 세관에서 발급받아야 함
    - 대한상공회의소 무역인증서비스센터[49] 또는 관세청 전자통관시스템 유니패스[50]에서 원산지 증명 신청 및 증명 관련 각종 정보 취득이 가능함

---

[47] 2003년 이후, 이 상한 금액은 수입의 경우 500달러에서 1,000달러로 상승했고, 수출의 경우 통관사는 2,000달러를 초과하는 거래에 의무적으로 고용되어야 함
[48] 통관업체는 national director of customs에 의해 승인·허가 되며, 관련법령은 Articles 196, 199 and 200 of the Customs Ordinance (DFL No.30) 참조
[49] http://cert.korcham.net
[50] http://portal.customs.go.kr

□ 한·칠레 FTA 협정에 따른 특혜관세 적용을 위해서 수출업자는 원산지 증명서 원본을 세관에 제출해야 함
  ○ 원산지 증명서는 양국 간 협정에 따라 간소화된 양식을 사용하며, 선적서류 발송 시 B/L, Invoice, Packing List 와 동봉함

□ 칠레와 무역협정을 체결하지 않은 국가 제품에는 6%의 관세가 부과되나 협정체결국의 경우, 협정 내용에 따라서 품목별로 관세가 0%이거나 매년 점진적으로 철폐되는 경우가 있어 확인이 필요함

□ 또한 원산지 증명서는 기존 특혜관세[51])에서의 원산지 증명서와는 달리 수출자가 작성·서명하고, 통일규칙 양식[52])의 원산지 증명서여야 함
  ○ 일반적인 경우와 달리 원산지 증명서 발급권자를 수출자(한국과 칠레에 거주하는 자)로 한정하고 있음
  ○ 단, 1,000달러 이하의 물품의 경우 원산지 증명서 제출을 면제받을 수 있음

□ 상업송장은 반드시 스페인어로 작성하여야 하며, 삭제하거나 수정한 곳이 없어야 함
  ○ 상공회의소 공증이나 영사 인증은 불필요함

□ 식품에 대한 세관 검사[53])는 식품이 수입된 세관이 위치한 지역의 보건부 지청을 통해 이뤄지는데, 직접 서류를 제출하는 방법과 홈페이지[54])를 통해 신청하는 방법이 있음
  ○ 신청 시 필요한 서류는 인보이스, 보세창고 위생허가서, 선적서류 3가지임
  ○ 신청서류가 미비한 경우 수입금지 품목인 경우에는 신청 이후 3일 안에 승인거절을 통보받게 됨

---

51) GSTP, GSP 등
52) 한·칠레 FTA 이행고시 별지 제9호 서식, 그 외 부록참고
53) Certificado de Destinacion Aduanera
54) www.seremisaludrm.cl

○ 일단 세관승인이 확정되면 수입업자들은 다음 사항들을 준수해 2차 절차(사용 및 처분 승인)를 진행해야 하며 준수하지 않을 때 제재를 받게 됨
- CDA 인증서에서 기술하는 경로, 운송조건, 운송수단을 준수해 보건부 지정 보세창고로 운송됨
- 사용 및 처분승인을 받기 전에는 어떠한 형태의 사용, 판매, 양도가 불가함
- 보세창고가 위치한 보건부 지청에 CDA 인증서를 첨부해 사용 및 처분 승인을 신청함

나. 애로 사례[55]

□ 수출자와 생산자가 다른 경우에는 생산자로부터 특정 양식(원산지통보서)에 맞춰 원산지 정보를 받아 그에 근거해 원산지 증명서를 작성해야 함을 유의해야 함
  ○ 수출자와 생산자는 원산지 증명서, 원산지 통보서와 그 근거가 되는 원재료 사용 내역, 생산 공정, 제조 원가 계산 관련 자료를 5년간 보관해야 함

□ 수출자나 생산자가 원산지 증명서 또는 원산지 통보서 발급 이후 그 내용의 오류를 발견하면, 30일 이내에 수출통관 세관과 칠레 수입자에게 수정 통보를 해야 함

□ 칠레 세관은 수출송장 기준으로 1,000달러 이상인 물품에 대해서는 반드시 전문 통관사를 고용하게 되어 있는데, 이 때 국가에서 지정된 통관사를 고용하지 않을 시 통관 진행이 어려우므로 인증된 통관사를 고용하는 것이 중요함
  ○ 국가에서 지정한 통관사는 관세청 홈페이지에 접속 → 홈페이지 중앙부의 Agente Aduana 클릭 → Nomina de Agente를 클릭하면 통관사 및 연락처를 알 수 있음

---

[55] KOTRA, Santiago KBC Q&A 참고

[그림 Ⅳ-1] 칠레 공인 통관사 리스트 예시

Servicio Nacional de Aduanas
Subdirección de Fiscalización
Departamento Fiscalización de Agentes Especiales

AGENTES DE ADUANA VIGENTES

CANCELADO SUSPENDIDO RENUNCIA V.

Nº	COD	NOMBRE AGENTES	RUT	DOMICILIO PRINCIPAL	CIUDAD	E-MAIL	PAGINA WEB	TELEFONO	FAX	CONV
1	C-36	ACEVEDO CESPED ARTURO	8514731-5	MONJITAS Nº 527 OF. 416	SANTIAGO	AGENCIAJAC@ADSL.TIE.CL		3670893	3670898	
2	A-01	ADELSDORFER ORELLANA DORA	12800985-K	BLANCO 625 PISO 10 DEPTO. 105 y 91	VALPARAISO	DORA@ADELSDORFER.CL		2544750 (53) (55) (58)	2544758	
3	C-52	ADELSDORFER S. WALDEMAR W.	4803843-3	BLANCO 625 PISO 10 DEPTO. 105 y 91	VALPARAISO	WALDERMAR@ADELSDORFER.CL			2544755	
4	C-90	ADELSDORFER VELASCO WILFRED (CANCELADO)	8445812-0	BLANCO 625 PISO 10 DEPTO. 105 y 91	VALPARAISO	WALDERMAR@ADELSDORFER.CL		2544750 (53) (55) (58)	2544755	(**)
5	F-38	AGUILAR ROGEL MARIA ORIETA	7241602-3	LAUTARO NAVARRO Nº 1141, OF. 1	PUNTA ARENAS	ORIETA.AGUILAR@123.CL		(61)613801	(61)613800	
6	A-04	ALARCON ROJAS JUAN	3631971-2	FIDEL OTEIZA 1921 OF. 1204 PROVIDENCIA	SANTIAGO	JALARCON@ALARCON.CL	WWW.ALARCON.CL	3285100	3285140	(**)
7	I-19	ALFARO OYARZUN JORGE	3822788-2	BOLIVAR Nº 492	IQUIQUE	JORGEALFARO@VTR.NET		(57)414422	(57)414422	
8	A-52	ALVAREZ BALBOA LUIS HERNAN	9584605-K	AV. BULNES Nº 180, OF. 30	SANTIAGO	LUISALVAREZBALBOA@GMAIL.COM		(02)6958624	(02)6724515	
9	I-54	ALVIAL BASTA ERNESTO (RENUNCIA VOLUNTARIA COMO AGENTE)	3794893-4	VALENTIN LETELIER Nº 1373-C OF. 408	SANTIAGO	EALVIAL@123.COM		4201037	4239694	
10	C-53	ALVIAL BASTA OCTAVIO	3656989-1	SEMINARIO Nº 941 DEPTO D, ÑUÑOA	SANTIAGO	ADUANAOALVIAL@ENTELCHILE.NET		(09)92891229	4182868	
11	A-07	ANAIS LARRAGUIBEL GUILLERMO	5331992-0	ARGANDOÑA Nº920	COQUIMBO	G.ANAIS@LARRAGUIBEL.CL	WWW.LARRAGUIBEL.CL	(51)313116	(51)314929	
12	C-67	ARANEDA MEZA MARIO	6554967-0	LA CONCEPCION Nº 65 OF. 301 PROVIDENCIA	SANTIAGO	MARIOARANEDA@ADSL.TIE.CL		3468800	3468833	
13	C-01	ARANGUIZ RUBIO ORLANDO	3821617-1	PRAT Nº 856 PISO 4º	VALPARAISO	OARANGUIZ@AJLEON.COM	WWW.AJLEON.COM	2350503	2350514	
14	C-02	ARAYA CUELLAR LUIS	4327886-K	ANDRES DE FUENZALIDA 22, 3º PISO OF. 304	SANTIAGO	LUIS@ARAYALIMITADA.CL	WWW.ARAYALIMITADA.CL	3346649 3349033	3357507	
15	B-01	ARAYA URRUTIA JOSE LUIS	8315455-1	AV. COLON 610 PISO 2	ARICA	JOSELUIS@ARAYALTDA.COM	WWW.ARAYALTDA.COM	(58)252259	(58)259128	
16	G-11	ARRENDONDO SOLORZA CARLOS FELIPE	10853224-6	SANTO DOMINGO Nº 1160, OF. 602	SANTIAGO	CARREDONDO@AGADUANA.CL	WWW.AGADUANA.CL	6969120	6961700	

주: 하늘색은 통관사 지정 취소, 상아색은 중지, 분홍색은 재인증된 통관사를 의미
자료: 칠레 관세청(SNA)

다. 업무상 유의점

□ 우리나라에서 칠레의 관세율을 조회하기 위해서는 KOTRA 무역자료실에서 보유하고 있는 관세율 표를 조회하거나 KOTRA 산티아고 무역관 홈페이지[56]의 Q&A 항목에 제품의 HS코드를 포함하여 문의할 수 있음

○ 관세율에 대한 문의는 근무일 기준 48시간 내에 안내받을 수 있음

○ 칠레는 현재 모든 관세율 정보가 유료화되어 있어 인터넷으로 쉽게 정보를 구할 수가 없음

□ 품목별 특혜관세는 '관세청 홈페이지-FTA협정세율 및 원산지결정기준'에서 확인할 수 있음

56) www.kotra.or.kr/santiago

□ 분실, 도난 또는 훼손 등의 사유로 수입 통관 시 원산지 증명서를 제출하지 못하여 협정 관세 적용을 받지 못하는 경우, 당해 물품의 수입신고 수리일로부터 1년 이내 원산지증명서를 사후 제출하여 세액의 경정을 청구할 수 있음

□ FTA 효과를 극대화하기 위해서는 달라진 원산지 결정 기준과 검증 절차, 원산지 증명서 자율 발급제도 등에 의한 불이익을 당하지 않도록 유의해야 함
  ○ 복잡해진 원산지 결정 문제 등에 대한 의문사항이 있으면 관세청의 원산지 '사전심사' 또는 '자문' 제도를 활용할 수 있음

□ 통관 대행을 이용하고자 하는 경우, 경험이 풍부하고 전문성이 있고 평판이 좋은 통관 대행업체와 계약을 체결하는 것이 좋음

□ 원본이 요구되는 서류는 어떤 것인지, 또한 통관 예정 세관에서 주로 요구하는 서류의 종류에 대해 사전에 파악하여 준비해 두는 것이 좋으며, 서류로 인해 통관이 지체되지 않도록 서류 구비에 철저를 기하도록 함

□ 원산지 증명서에 대한 정확성은 사후에 검증하는 것을 원칙으로 하기 때문에 수출 및 관련서류 등 자료 보관 의무가 있음
  ○ 보관의 의무를 위반할 경우 특혜관세 적용을 배제하고 형사 처벌이 병행됨

□ 원산지 증명서에 기재되는 HS 코드와 원산지 기준은 매우 중요한 사항이므로, 발급받는 과정에서 칠레의 HS 코드와 원산지 기준을 철저히 확인한 후 발급 신청해야 함
  ○ 우리나라 관세청 FTA 포털사이트[57])에서 HS 코드 및 원산지 기준을 확인할 수 있음
    - 국제적으로 HS 코드 상위 6단위가 동일하므로, 해당 물품에 대한 우리나라의 HS 코드 10자리 중 앞의 6자리로 검색하면 됨

---

57) http://fta.customs.go.kr

□ 우리나라에서 칠레로 물품 수출 전, 해당 품목이 덤핑방지관세 부과 등 규제 대상 품목인지 여부를 확인할 필요가 있음
  ○ 덤핑방지관세 등이 부과되는 경우 수입자는 통관을 위해 예상치 못했던 많은 세금을 내야 하거나, 현지 수입상이 수입을 거절할 경우 물품이 한국으로 반송되는 경우가 발생할 수 있으므로 규제 사항을 사전에 확인해 두는 것이 좋음
  ○ 2012년 5월 기준, 우리나라에서 칠레로 수출하는 물품 중 덤핑방지관세가 부과되는 품목은 없음

□ 한국무역협회 통상·수입규제 홈페이지[58]에서는 세계 각국의 통상 현안을 비롯하여 국가별 반덤핑 및 상계관세 부과 정보 등 다양한 관련 정보를 제공하고 있음
  ○ 한국무역협회[59] 기본 홈페이지에서는 하단 '사업별 사이트' 메뉴 중 '통상수입규제'로도 접속 가능함
  ○ 현재 칠레가 반덤핑관세 등의 규제를 가하는 품목 확인을 위해서는 'KITA 통상·수입규제' 홈페이지 상단 메뉴 중 '수입규제 현황' → '주요국 제소 및 규제내역' → '중남미'에서 칠레의 내용을 점검할 수 있음
    - 또한 '수입규제 현황' → '국가별 현황'에서는 필요 정보 지정 후 검색 기능을 통해 영문 품명과 정확한 HS 코드 등 보다 세밀한 정보를 확인할 수 있음
  ○ 그 외에 WTO에서 반기별로 공개하는 국가별 규제 동향도 살펴볼 수 있는데, 이는 '통상·수입규제' 사이트 상단 메뉴 중 '각국 규제동향'에서 확인 가능함
    - 단, 본 자료는 한국무역협회 웹페이지 무료 회원가입 후 로그인하여 열람 가능함

□ 칠레에서 전기 및 난방 제품을 시판하기 위해서는 칠레 전기연료관리국(SE, Superintendencia de Electricidad y Combustibles)이 규정하고 있는 안전검사인증을 통과하여야 함
  ○ 모든 전기 및 난방 전자 제품이 인증이 필요한 것은 아니며 전기연료관리국의 홈페이지[60]을 통해 확인할 수 있음

---

[58] http://antidumping.kita.net
[59] www.kita.net

2. 수입 신고 및 세관 심사

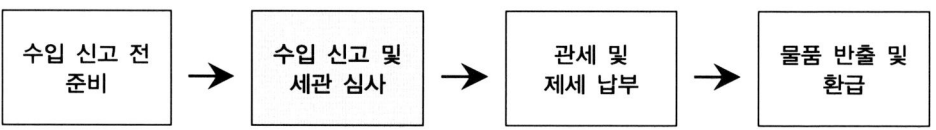

가. 통관 절차상 특이사항

□ 수입신고(DIN)[61]는 칠레에 물품을 반입하기 전에 이루어져야 하며, 반드시 관세당국에 접수되어야 함
  ○ 현재 수입 신고는 전산과 서류 신고 모두 가능하며, 물품을 하역하는 항만의 세관에서 통관을 진행하여야 함

□ 수입신고서에 기재하는 수출업자의 정보, 통관대리인명, 수입업자의 납세등록번호, 물품 상세내역서(HS 코드, 중량, 수량, 단위(개당)가격), 관세평가 등의 정보는 오류 없이 정확히 기재되어야 함

□ 세관에서의 검사는 수입업자가 제출한 수입신고서와 수입 물품 서류의 대조 확인, 수입된 물품에 대한 물리적 검사 등 3가지임

□ 식품은 ① 전염병이나 해충 등 식품조작 등에 대한 위험성, ② 과거 수입내역, ③ 과거 식품수입법 위반 여부 등을 고려해 기술 심사 면제부터 정밀검사까지 세 가지 심사 채널로 분류됨
  ○ 기술심사 면제는 과거 수입기록과 서류로 판단할 때 특별히 추가검사가 불필요하다고 판단될 때 적용 가능하며, 수입업자의 신고 후 즉시 통관이 가능함
  ○ 보건부 지청에서 직접 보세창고를 방문해 식품상태를 검사하는 방법은 식품 상세

---

60) www.sec.cl
61) Declatacion de Ingreso

정보, CDA 서류, 라벨, 보관상태, 저장소의 온도 및 저장 환경 등을 검사 결과 정밀검사가 필요하다고 판단될 때임
  ○ 샘플 채취 정밀검사는 전문가에 의해 보건부 승인 연구실에서 실시하게 됨

□ 의약품은 칠레 보건당국에 제품성분이 등록되어 있는지, 수입된 제품이 신고 당시 제품과 동일한지, 약품 제조업체가 WTO의 GMP[62] 기준을 충족하는지에 대한 검사만을 실시함
  ○ 약품의 주성분이 보건당국에 등록된 적이 없는 경우, ISP에 등록 수수료 (1,100~1,500달러)와 임상보고서, 검토결과 등을 관련 서류를 제출하면 몇 가지 효능 및 안전성 검사를 실시함

□ 수입업자에게 요구되는 유일한 등록은 오존파괴물질(SOD)[63]을 포함했는지 여부에 대한 것으로 관련 규범 준수 및 규제에 유의해야 함
  ○ 동법은 오존층파괴물질(SOD)과 그 부산물의 제조, 수출입과 함께 냉동 · 냉장 및 공기조절 장비의 수입을 규제하고 있으며 이는 오존층 파괴물질에 대한 몬트리올 협약의 국내 적용을 위한 근거가 되고 있음
  ○ 동법은 연방정부로 하여금 오존층 파괴물질의 최종사용을 규제하는 포괄적인 시스템을 실시할 권리를 부여함

---

[62] 의료기기제조및 품질관리기준
[63] NORMAS SOBRE REGISTRO DE IMPORTADORES Y EXPORTADORES DE SUSTANCIAS AGOTADORAS DE LA CAPA DE OZONO Y DISTRIBUCIÓN DE VOLÚMENES INDIVIDUALES MÁXIMOS DE IMPORTACIÓN

〈표 Ⅳ-2〉 SOD 규제 대상 물질

구분	화학식	명칭
Group 1(CFC)	CFCl3	CFC-11
	CF2Cl2	CFC-12
	C2F3Cl3	CFC-113
	C2F4Cl2	CFC-114
	C2F5Cl	CFC-115
Group 2(Halon)	CF2BrCl	Halon-1211
	CF3B4	Halon-1301
	C2F4Br2	Halon-2402
Group 3(기타)	CF3CL	CFC-13
	C2FCl5	CFC-111
	C2F2Cl4	CFC-112
	C3FCl7	CFC-211
	C3F2Cl6	CFC-212
	C3F3Cl5	CFC-213
	C3F4Cl4	CFC-214
	C3F5Cl3	CFC-215
	C3F6Cl3	CFC-216
	C3F7Cl	CFC-217
	CCl4	TCC
	C2H3Cl3	1,1,1-tricloretano

자료: 칠레 환경청(DEH)

□ 원산지별 품목별 쿼터는 관세청 홈페이지 메뉴 중 Tramitacion en la lenea(온라인 처리)의 Consulta cupos(쿼터 상담)를 통해 확인 가능함
  ○ 칠레는 2003년부터 국민 경제에 큰 영향을 주는 제품의 경우 수입쿼터를 통해 제한하거나 수입금지 등의 조치를 통해 조절하고 있으니 동 조치를 확인해 봐야 함

□ 품목 분류 및 세율 적용에 관한 부분을 명확히 하기 위하여, 통관 예정 세관에 미리 제품 카탈로그 등을 제출하여 HS 코드를 부여받고 통관을 진행하는 것이 가장 안전함
  ○ 전 세계적으로 HS 코드는 상위 6단위는 동일하므로, 해당 물품에 대한 우리나라 HS 코드 10자리 중 앞의 6자리를 입력하여 검색하면 됨

○ 칠레로의 FTA 적용 세율은 관세청 FTA포털 홈페이지[64]→ 세율/원산지확인기준에서 확인할 수 있음

○ 만약 상대국의 관세율을 알기 어려운 경우에는 대한무역투자진흥공사(KOTRA)의 관세율 FAX 서비스를 이용하는 방법이 있음

□ 농수산물 관련 수입제한, 수입승인획득 등의 문의가 필요시, 칠레 농축산부에 의뢰서를 송부하여 문의 가능함
　　○ 칠레 농축산부 접속[65] → Comunique con el SAG 클릭 → Carta de Derechos Ciudadanos → 상담유형(Tipo de Consulta), 개인정보, 상담신청내용 필요 시 서류를 첨부하게 되면 직접 응답받을 수 있음

[그림 Ⅳ-2] 칠레 농축산부 수출입관련 문의처

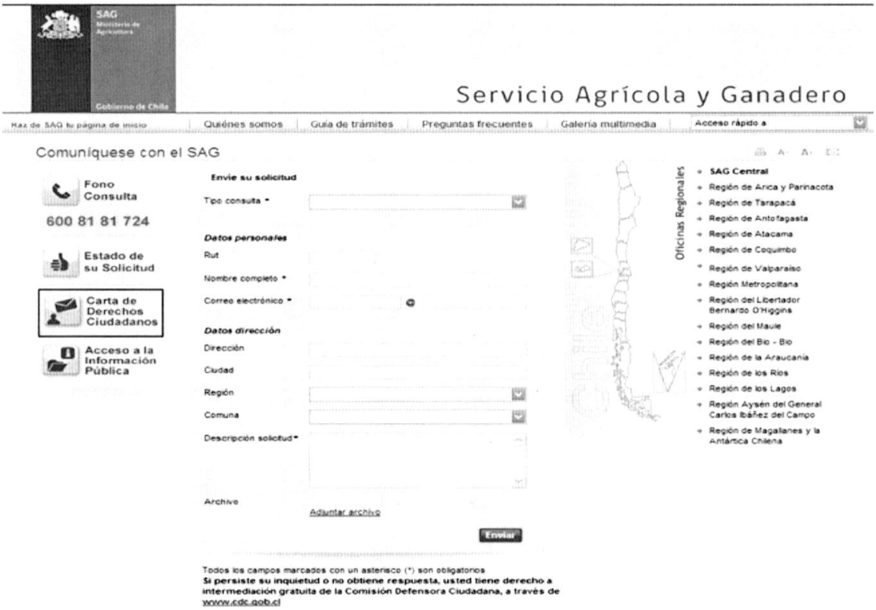

자료: 칠레 농축산부(SAG)

---

64) http://fta.customs.go.kr
65) http://www.sag.cl/OpenSupport_OIRS/asp

3. 관세 및 제세 납부

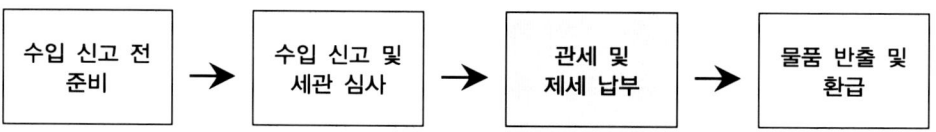

가. 통관 절차상 특이사항

□ 세금은 통관업체를 통해 자동 산출 및 전자 결제되며, 2007년 말부터는 관세청에 전자적으로 적하목록(cargo manifests)[66] 전송도 가능하게 됨
  ○ 외국 통상 거래의 원활화를 위해 SICEX라고 불리는 싱글윈도우 프로젝트가 세관에서 실시되었고, 이를 통해 서류를 전자적으로 작성하고 공유할 수 있게 됨
  ○ 2007년 말까지, 정부 10개 부처의 시스템과 절차가 모두 마련되었으며, 이는 칠레 국제무역의 약 96% 이상을 차지한다고 함

□ 특히, 수입 주류는 고급사치품과 함께 특별소비세·주세 등이 추가 부과됨
  ○ 주세는 미네랄·인공음료는 13%, 포도주·샴페인·맥주는 15%, 위스키·소주 등 증류주는 27%가 각각 부과됨

□ 자본재 수입 시 7년간 수입관세 납부가 유예되며, 부가가치세가 면제되고, 원자재와 중간재 수입관세는 환급됨
  ○ 수출품 생산을 위한 기계류 및 수송차량 등 자본재 수입 시 7년간 수입관세 납부 유예를 인정하고, 매년 설정되는 목표수출비율(총수출액/총생산액) 달성 시 수입관세 및 부가가치세가 면제됨

---

66) 항공·해상·육상·쿠리어(couriet transport) 모두 포함

나. 애로 사례[67]

☐ 통관업체 대행료는 표준화되어 있지 않으며, 추가비용이 발생할 수 있음

☐ 칠레 면세지역에 설립된 회사들은 수출입품의 통관서비스 사용 의무에서 면제됨

☐ 상품 라벨이 영어로만 표기되어 있어 수입이 금지당한 사례가 있음

다. 업무상 유의점

☐ 칠레는 중고차, 중고오토바이, 재생타이어 등 중고 품목들은 CIF가격의 3%에 해당하는 추가수입비용을 지불하는 경우가 많음
　○ 추가비용은 만약 중고품목이 칠레와 FTA를 체결한 제3국에서 수입되었을 경우 제품에 따라 소멸되거나 경감될 수 있음

☐ 관세 납부는 TGR[68]을 통해 자동으로 계산되고, 이 정보를 기초로 관세 및 제세금을 납부하면 되는데, 동 정보는 홈페이지를 통해 확인할 수 있음
　○ TGR 접속 → 화면 중앙의 Pagos 클릭 → Pados Aduana Agente(통관사를 통한 수입) 혹은 Pagos Aduana Importador(직접 수입)[69] → 통관사 고유번호 등록 → 세금 정보 조회 가능

---

67) KOTRA, Santiago KBC Q&A 참고
68) Tesoreria General de la Republica
69) 수입물품의 가격이 1,000달러 이하일 때만 가능

[그림 Ⅳ-3] TGR을 통한 관세 납부 화면

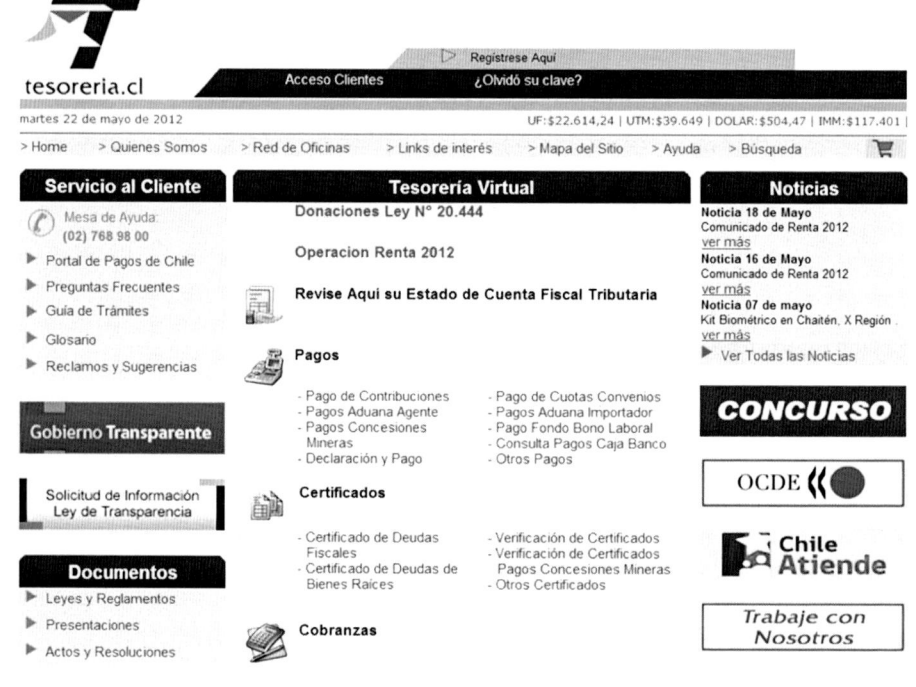

4. 물품 반출 및 환급

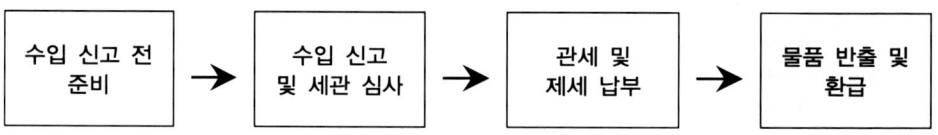

가. 통관 절차상 특이사항

□ 항구별 컨테이너 비용과 창고비, 부대비용 등은 항구별로 상이하고 화물종류에 따라 책정기준이 다양하므로 현지 진출 포워딩 회사나 운송회사를 통해 확인을 권함

□ 해당 세관은 사전 상표침해를 확인했을 경우, 5영업일간 해당 물품 통관을 중시시킬 수 있음
  ○ 통관중지 기간은 피해자가 민사소송을 제기할 경우 연장되며, 판사는 사전 조사 후 피해자의 신청이 있을 경우 통관을 1영업일간 중지시킬 수 있으며, 이 기간은 연장 가능함

나. 애로 사례[70] 및 업무상 유의점

□ 수입 당시 FTA특혜관세를 신청하지 않은 물품에 대해서도 수입신고 후 1년 이내에는 환급이 가능하도록 하는 관세환급 제도를 활용할 수 있음
  ○ FTA 특혜관세 대상 물품이지만 제도를 잘 모르거나, 관련 서류가 미비해 관세를 많이 낸 경우가 921건(18억 5,800만원)에 달하는 것으로 집계됨[71]
  ○ 실제로 부산광역시에 소재하는 A업체는 지난 4월 칠레로부터 홍어 1,000만원어치를 수입하면서 30%의 관세를 납부하고 수입통관했음
    - 홍어는 조정관세 대상 품목이나 한·칠레 FTA 특혜관세(28.6%) 대상 품목이므로 특혜세율이 적용되지만, A업체는 특혜세율이 조정관세에 우선하여 적용되는 사실을 몰라 30%를 납부했으며, 이에 원산지 증명서를 통해 세관에 환급을 청구, 세율 차이 1.4%에 해당하는 14만원의 관세를 환급받음

□ 한국은 썩덩나무노린재 해충 분포국으로 칠레로 화물이 수입되어 칠레 국내로 반출되기 전 칠레 도착항에서 컨테이너에 해충이 있는지 무작위 검사를 실시하고 있음
  ○ 한국은 동 해충 분포국으로서 위험지역에 해당하며, 동 해충 발견 시 추가 조치 요구됨
  ○ 썩덩나무노린재가 붙어 수출될 경우 칠레 도착항에서 발견되면 추후 의무소독조치가 요구될 수 있음

---

70) KOTRA, Santiago KBC Q&A 참고
71) 2005년 12월 기준

〈표 Ⅳ-3〉 선적국가별 조치 내용

선적국가		발견 이력이 있는 위험 국가	발견 이력이 없는 위험 국가
		미국	일본, 한국, 중국, 대만
선적물 종류	발견 이력이 있는 위험 제품 - 중고 의류·장난감·차량	사전 소독처리[1]	칠레 도착 시 무작위 검사
	발견 이력이 없는 제품 - 기타 제품	칠레 도착 시 무작위 검사	칠레 도착 시 무작위 검사

주: 1) No. 1101/2012 고시 적용
자료: 보건부

참고문헌

기획재정부, FTA 국내대책본부
외교통상부, 『2010 외국의 통상환경(미주)』, 2011. 2
외교통상부 중남미국 남미과, 「칠레개황」, 2012. 1
외교통상부, 한·칠레 FTA 외교통상부: 총칙, 상품무역, 행정및조직규정

The World Bank Group, 「Doing Business 2012, Doing business in a more transparent world」, 2012
The World Bank Group, 「Doing Business 2012, Economy Profile: Peru」, 2012
USTR, 「National Trade Estimate Report on Foreign Trade Barriers」, 2011. 3
World Trade Organization, 「TRADE POLICY REVIEW」, 2012

관세청, 한·칠레자유무역협정이행을위한관세법특례사무처리에관한고시,
http://www.customs.go.kr/kcshome/law/rule/RuleUserDetail.do?layoutMenuNo=2015&admRul=2&admRulSeq=1021
국제인증정보시스템, http://cic.ktl.re.kr
대한민국 관세청, www.customs.go.kr
대한무역투자진흥공사 산티아고 KBC, www.kotra.or.kr
대한상공회의소, www.korcham.net
미국 무역 대표부, www.ustr.gov
세계무역기구, www.wto.org
세계무역기구, www.wto.org
세계무역기구 지역 무역 협정, http://rtais.wto.org
세계은행, www.doingbusiness.org

칠레 관세청 싱글 윈도우 http://comext.aduana.cl:7001/ConafWeb/
칠레 관세청의 사전판정 고시(NO 9422, '08.12.29)
칠레국세청 사이트 www.sii.cl
한국무역협회, www.kita.net
해외진출 정보시스템, www.ois.go.kr
FTA 무역종합지원센터, www.okfta.or.kr
KITA FTA 포털, http://fta.kita.net
KITA 통상·수입규제 www.antidumping.kita.net

부록 Ⅰ. 비즈니스 팁[72]

☐ 칠레 기관이나 기업을 방문할 때 사전약속은 필수이며 연락 없이 무작정 찾아가 담당자와의 면담을 요청하는 것은 큰 실례임
  ○ 사전에 약속이 되어 있어도 방문 전일 또는 당일에 다시 연락해서 확인하는 것이 바람직함
  ○ 상담 약속은 최소 열흘 정도 전에는 상담 약속을 잡고 중간에 이를 확인하는 것이 좋으며, 되도록 월요일 오전이나 금요일 오후는 피하도록 함

☐ 칠레 기업인들은 일반인에 비해 시간 약속을 잘 지키는 편이지만, 만약의 경우를 대비하여 사전에 미팅 일정을 확인하는 것이 좋음

☐ 칠레에서는 비서가 사장의 업무용 이메일을 관리하는 경우도 가끔 있으며, 비서들이 상담 약속 등 일정을 관리하는 것이 일반적이므로 최대한 정중한 태도를 보이는 것이 좋음
  ○ 비서의 기분을 상하게 할 경우 연락이 원천봉쇄당하는 경우가 있으니 유의해야 하며, 칠레 기업들은 12월 3일을 비서의 날로 정해 거래처의 비서와 좋은 관계를 유지하기 위해 꽃이나 작은 선물을 주기도 함

☐ 칠레인들은 특별히 기피하는 음식이 없으므로 개인의 식성에 따라 메뉴를 정하면 됨. 다만 칠레인들은 해산물보다는 육류를 선호하는 경향이 있음
  ○ 칠레가 대표적인 와인 산지답게 식사 시간에 와인이 빠지는 경우는 드물며 특히 손님을 대접할 경우에는 반드시 와인을 준비하도록 함
  ○ 칠레에서 와인은 물이나 음료수처럼 흔한 개념이므로 고가 제품을 선택할 필요는

---

[72] 코트라 KBC 산티아고무역관 비즈니스 참고정보

없으나, 대신 칠레산 와인에 대한 사전 지식을 갖추고 있다면 바이어에게 좋은 인상을 줄 수 있음
- ○ 한국에 칠레산 와인이 많이 소개되고 있다는 이야기나 부산 APEC 정상회담 때 칠레산 와인인 몬테스알파(Montes Alpha)가 건배주로 사용된 일화 등의 이야깃거리는 식사시간에 자연스럽게 대화를 풀어나갈 수 있는 소재가 될 수 있음

□ 점심시간은 일반적으로 1~3시정도이며, 대부분의 식당은 오후 1시부터 4시까지 영업을 하다가, 오후 7시 30분 정도 되면 저녁 영업을 시작함
- ○ 저녁 식사는 보통 오후 9~10시에 시작되고 '식전주-전식-메인요리-후식' 순서로 천천히 식사를 하고, 저녁식사의 경우 특히 2시간 이상에 걸쳐서 천천히 먹음

□ 칠레의 국가 청렴도는 2011년 기준 세계 22위로 중남미 국가 중 공무원 부패도가 가장 낮음
- ○ 업무처리 과정에서는 정도를 밟되, 일이 마무리되고 난 후 부담을 주지 않는 선에서 작은 선물을 한다면 개인적인 친분을 맺게 되어 향후 업무 추진 시 인간적인 도움을 받을 수 있기도 함
- ○ 한국을 나타낼 수 있는 전통문양이나 자개 장식이 들어있는 명함집, 수공예품 선물이 바이어들에게 인기가 좋으며, 한국 인삼은 칠레인들에게도 유명하므로, 인삼차나 인삼 가공제품을 선물하는 것도 추천할 만함

□ 남성은 악수를 교환하는 것이 일반적인 인사법이며, 친해질 경우 등을 살짝 두드리면서 하는 가벼운 포옹도 가능함
- ○ 처음 만나는 동양인에게는 문화 차이를 고려해 악수를 청하기도 하나, 칠레 여성이 이러한 인사법을 청했는데 피하면서 손만 내밀 경우 기분이 상할 수도 있으니 다소 어색하더라도 현지식으로 가볍게 볼에 인사를 하는 것이 바람직함
- ○ 이때 상대방을 불필요할 정도로 세게 끌어안거나 정말 볼에 입을 맞출 경우 실례가 될 수도 있으므로 주의해야 함
- ○ 호칭은 남자의 경우 성 앞에 '세뇨르(Sr.)', 여성의 경우 '세뇨리따(Srta.)'를 붙이면 됨

- 기혼여성으로 생각하여 '세뇨라(Sra.)'라고 했는데 미혼인 경우에는 상대방의 기분을 상하게 할수도 있지만, 세뇨리따의 경우 원래 미혼여성을 지칭하는 말이지만 기혼 여성에게 '세뇨리따'라고 부르더라도 크게 실례가 되지 않음

□ 대기업 사무직의 경우는 정장을 하지만 개인 사업을 하는 경우나 중소규모 기업의 경우 노타이, 면바지 차림의 편안한 복장으로 근무하는 편임
  ○ 중요한 미팅이나 공식행사를 제외하고는 외부에 상담을 나가는 경우에도 편안한 차림새를 하는 경우가 많은데 일반적으로 상대방이 상담에 정장을 하고 오지 않았다고 해서 불쾌해할 필요는 없음

□ 단, 정부 부처나 기관, 대기업을 방문할 때나 공식 행사에는 차림새에 매우 신경을 써서 양복에 넥타이를 착용하는 것이 일반적임

□ 칠레인과 대화할 때 공산주의 정권 및 피노체트에 대한 이야기는 삼가야 함
  ○ 칠레 근대사는 무거운 주제인데다가, 정확한 지식이나 당시 시대상에 대한 이해가 부족한 상태에서 상대방에게 섣불리 의견을 제시하는 것은 상대방의 기분을 상하게 할 수 있으므로 꺼내지 않는 것이 좋음

□ 칠레는 세계적인 광업 국가로 동(銅), 리튬, 요오드 등은 생산 세계 1위, 몰리브덴은 세계 생산 3 광종임
  ○ 구리 수출액은 지난해 칠레 수출 전체의 56%에 달하고 있을 정도로 칠레 경제에서 비중이 높음
  ○ 안토파가스타, 아리카 등 칠레 북부 지역에는 세계 구리 매장량의 45%가 밀집되어 있음

□ 칠레는 볼리비아·페루 등과 잠재적인 영토분쟁에 대비하기 위해 세계 최대의 구리 생산기업인 칠레구리공사(Codelco)의 연간 수익 10%를 정부 국고예산과 별도로 전투기 구매 등에 사용할 수 있는 전력증강 예산으로 편성하고 있음

□ 바이어와 상담할 때 상대방이 혼혈인 같아 보인다고 해서 메스티소(원주민과 백인의 혼혈)라는 표현을 사용하면 매우 불쾌해 할 수 있으니 주의할 필요가 있음
  ○ 인종에 대칠레인의 피부색은 전반적으로 밝은 톤으로 순수 백인은 소수이고, 대부분 원주민(마푸체)과 백인 간의 혼혈이 대부분임. 하지만 칠레인들은 원주민을 무시하는 경향이 있어 자신에게 원주민의 피가 섞였다는 것을 인정하지 않으려 함

□ 칠레인과 대화를 이끌어 나갈 때 칠레를 여느 중남미 국가나 개도국으로 취급하는 인상을 주면 몹시 불쾌해 하며, 더 이상 대화를 진전시키기 어려움
  ○ 칠레는 중남미 최고의 IT 강국, 정치·경제 선진국이라는 자부심이 매우 강하고, 중남미의 유럽을 지향함

□ 칠레 바이어들에 의하면 한국 수출업체에서 칠레시장 상황에 맞지 않는 높은 기준의 최소 주문수량을 제시하여 상담이 더 이상 진전되지 못하는 경우가 간혹 발생한다고 함. 첫 거래를 시작하고 반응이 좋으면 주문량은 자연스럽게 늘어날 수 있으므로 소량 주문에 유연하게 대응할 필요가 있음
  ○ 칠레는 인구 1,740만명의 비교적 작은 내수시장을 가지고 있고, 안정적인 거래를 선호하여 바이어들이 처음부터 대량주문을 하기보다는 다품종 소량주문이 일반화되어 있음

□ 사업 처음부터 독점권을 주지 않고, 일정기간 바이어의 제품 유통능력, 대고객 서비스 능력 등 사전 검증을 반드시 거친 후에 결정하는 것이 바람직함
  ○ 칠레는 50여 개국과 자유무역협정(FTA)을 맺고 있는 완전 개방 자유무역국가로 경쟁이 치열함
  ○ 따라서 바이어들은 다른 업체와 같은 제품을 가지고 가격경쟁을 하기보다는 새로운 제품을 시장에 선보이고 싶어 하며, 처음부터 독점권을 요구하는 경우가 많음
  ○ 일부 바이어의 경우 독점권을 요구하면서, 독점권을 주지 않으려고 하면 거래 상담을 시작조차 하지 않으려는 경우도 있음

□ 칠레인들은 영어에 약하므로 스페인어 통역을 대동할 것을 권장함
  ○ 간단한 영문 서신교환은 가능할지 몰라도 상담에 필요한 수준의 영어를 구사하는 바이어 비율이 절대적으로 낮음
  ○ 체면을 중시해 영어가 가능하냐고 물으면 "Yes"라고 대답하는 바이어들이 꽤 있지만, 자기소개 수준에 그치는 경우가 허다하므로 유선전화상으로 바이어의 영어 실력을 확인하지 않은 이상은 반드시 통역원을 대동할 것을 권함
  ○ 한·스페인어 통역원은 일반적으로 일 200~300달러 수준이고, 차량을 포함할 경우 350달러(시내 기준) 수준임

□ 모든 프로젝트 진행은 구체적인 문서가 오간 뒤에 처리하는 것이 안전함
  ○ 칠레인들은 면전에서 "노(no)"라고 말하는 것을 꺼리는 경우가 많아 관심이 없는 경우에도 의사표현을 분명히 하지 않고 "흥미롭군요(interesante), 좋아요(bueno)" 등의 표현을 서슴없이 한다는 점을 유의해야 함

□ 바이어를 재촉하는 인상을 주지 말아야 함
  ○ 일단 자료를 보낸 후에는 1~2주 정도 바이어가 검토할 시간을 주는 인내심이 필요함

□ 이메일 발송자명은 영문으로 해야 스팸처리 되지 않음
  ○ 메일 발송자 이름이 한글로 설정되어 있을 경우에 주로 발생하며 바이어의 메일 박스에는 발신자명에 한글 이름대신 '???'라고 표시되므로 이를 스팸으로 간주하여 읽지도 않고 바로 삭제해 버리기 때문임

□ 관공서 민원처리 과정에서 뇌물관행이 없는바, 일 처리 시 정상적인 절차를 밟아야 함
  ○ 소수 '파워엘리트' 정치를 지향해온 까닭에 공무원의 부패도가 세계 22위권으로 중남미 국가 중 가장 낮음
  ○ 칠레는 19%의 높은 부가가치세율에도 불구하고 조세행정이 철저하여 작은 가게도 반드시 영수증을 발행하고 있기 때문에 탈세를 염두에 둔 비즈니스를 수행해

서는 언젠가 큰 곤란을 겪게 되므로 주의해야 함

☐ 안정적으로 L/C 거래를 하고 있다가 신용이 쌓인 후 D/A 조건으로 거래조건 변경을 요청하는 경우도 있지만, 거래처가 소규모 업체일 경우 수용하지 않는 편이 좋음
  ○ 칠레 바이어들은 금융비용 발생 때문에 L/C 개설을 선호하지는 않지만, 수출업체에서 요구할 경우 일반적으로 수용하는 편임

☐ 1, 2월은 휴가로 업무 추진이 어려움
  ○ 남반구에 위치한 칠레는 우리와 계절이 반대임. 일반적으로 우리나라의 8월에 해당하는 2월에 여름휴가를 맞이하며, 휴가시즌에는 담당자가 2주 이상 자리를 비우는 경우가 많으므로 업무일정 수립 시 담당자의 휴가 일정을 사전에 파악하고 추진하는 것이 좋음

부록 Ⅱ. 주요 유관 기관 정보

■ 주 칠레 대한민국 대사관

웹페이지	chl.mofat.go.kr
주소	Embajada de la República de Corea : Alcántara 74, Las Condes, Santiago, Chile
전화번호	(56-2) 228-4214
팩스번호	(56-2) 206-2355
이메일	embajadadecoreaenchile@gmail.com

■ 주한 칠레 대사관

웹페이지	www.coreachile.org
주소	서울시 중구 충무로1가 25-5 고려대연각타워 1801호
전화번호	02-779-2610
팩스번호	02-779-2615
이메일	embajada@coreachile.org
근무시간	월~금(09:30 -18:00)

■ 재칠레 한인회

대표	박세익
주소	Manzano 343, Oficina 413, Recoleta, Santiago
전화번호	(56-2) 777-3540
이메일	asocochile@hotmail.com

■ 칠레 관세청

공식명칭	Sevicio Nacional de Aduanas
주소	Condell 1530, Valparaíso, Chile
전화번호	(56-32) 2134-500
홈페이지	www.aduana.cl

■ 칠레 통계청

공식명칭	Instituto Nacional de Estadisticas
주소	Paseo Bulnes 418, Santiago, Chile
전화번호	(56-2) 8924-138
홈페이지	www.ine.cl

■ 칠레 중앙은행

공식명칭	Banco Central de Chile
주소	Agustinas 1180, Santiago, Chile
전화번호	(56-2) 670-2000
홈페이지	www.bcentral.cl

■ 칠레 경제진흥청

공식명칭	Corporación de Fomento de la Producción
주소	Moneda 921, Santiago Chile
전화번호	(56-2) 631-8200
홈페이지	www.corfo.cl

■ 칠레 수출진흥청

공식명칭	Promocion de Exportacion
주소	Teatinos 180, Santiago, Chile
전화번호	(56-2) 827-5100
홈페이지	www.prochile.cl

■ 칠레 산티아고 상공회의소

공식명칭	Camara de Comercio de Santiago
주소	Monjitas 392, Santiago, Chile
전화번호	(56-2) 360-7000
홈페이지	www.ccs.cl

■ 칠레 외국인 투자위원회

공식명칭	Comite de Inversiones Extranjeras
주소	Ahumada 11, Piso 12 - Santiago, Chile
전화번호	(56-2) 698-4254
홈페이지	www.inversionextranjera.cl

■ 칠레 에너지부

공식명칭	Ministerio de Energia
주소	Alameda 1449, Pisos 13 y 14, Edificio Santiago Downtown II, Santiago de Chile
전화번호	(56-2) 365-6800
홈페이지	www.minenergia.cl

■ 칠레 외교부 다자통상국

공식명칭	Dirección General de Relaciones Económicas Internacionales
주소	Teatinos 180, Santiago, Chile
전화번호	(56-2) 827-5100
홈페이지	www.direcon.cl

■ 칠레 구리위원회

공식명칭	Comision Chilena de Cobre
주소	Agustinas 1161 Piso 4 Santiago, Chile
전화번호	(56-2) 382-8100
홈페이지	www.cochilco.cl

■ 칠레 재무부

공식명칭	Ministerio de Economia, Formento y Turismo
주소	Av. Libertador Bernardo O'Higgins N º 1449, Santiago Downtown Torre II, Santiago, Chile
전화번호	(56-2) 473-3400
홈페이지	www.economia.cl

■ 칠레 공공보건청

공식명칭	Instituto de Salud Publica
주소	Av. Marathon 1000 Nunoa, Santiago, Chile
전화번호	(56-2) 575-5101
홈페이지	www.ispch.cl

부록 Ⅲ. 칠레 관세법

Ley Orgánica del Servicio Nacional de Aduanas

Decreto con Fuerza de Ley N º 329, de 1979, del Ministerio de Hacienda
D.O. 20.06.79

Título I - Objetivo y Organización del ServicioArtículo 1º.- El Servicio Nacional de Aduanas es un Servicio Público dependiente del Ministerio de Hacienda, encargado de vigilar y fiscalizar el paso de mercancías por las costas, fronteras y aeropuertos de la República, de intervenir en el tráfico internacional, para los efectos de la recaudación de los impuestos a la importación, exportación y otros que determinen las leyes, y de generar las estadísticas de ese tráfico por las fronteras, sin perjuicio de las demás funciones que le encomienden las leyes.

Artículo 2 º .- El Servicio de Aduanas estará constituido por la Dirección Nacional, las Direcciones Regionales y las Administraciones de Aduanas.
Ley 19479 Art. 17 A y B

La Dirección Nacional está constituida por las siguientes Subdirecciones: Técnica, Jurídica, de Fiscalización, de Recursos Humanos, Administrativa y de Informática.

Con sujeción a la Planta del Servicio, el Director Nacional establecerá los Departamentos que dependerán de las Subdirecciones, y los que dependerán directamente de él.

Ley 19479 Art. 17 B

Habrá un Comité Asesor y Consultivo, constituido por el Director Nacional, que lo presidirá; por un representante de la Dirección del Litoral y Marina Mercante, de la Dirección de Aeronáutica, de la Dirección General de Carabineros y de la Empresa Portuaria de Chile, respectivamente, cuya función será proponer las normas para coordinar las acciones que desarrolle el Servicio de Aduanas con las funciones que corresponden a las referidas instituciones en materias de tráfico y servicio aduanero.

Artículo 3º.- La administración del Servicio Nacional de Aduanas corresponderá al Director Nacional, y a los Subdirectores, Directores Regionales y Administradores de Aduanas, en el ámbito de su jurisdicción.

Ley 19479 Art. 17 C

Título II - Del Director Nacional del ServicioArtículo 4º.- El Director Nacional de Aduanas es el Jefe Superior del Servicio, y será nombrado por el Presidente de la República, siendo de su exclusiva confianza.

Ley 19479 Art. 17 D

El Director Nacional tiene la autoridad, atribuciones y deberes inherentes a su calidad de Jefe Superior del Servicio y, en consecuencia, sin que ello implique limitación, le corresponden las siguientes atribuciones, responsabilidades y obligaciones:

1.- Planificar, organizar, dirigir, coordinar y supervigilar el funcionamiento del Servicio.

2.- Fijar y modificar la organización interna de las Unidades del Servicio, asignándole el personal necesario, fijándoles sus atribuciones, obligaciones y dependencias, sin que el ejercicio de esta facultad pueda originar modificaciones en la planta, funciones y estructura del Servicio dentro de las normas establecidas por la ley.

3.- Ordenar que cualquiera Aduana sea intervenida por los funcionarios que designe al efecto.

4.- Asesorar e informar al Ministerio de Hacienda en los asuntos propios de la competencia del Servicio y presentarle dentro del primer trimestre de cada año una memoria del Servicio, y dentro de los primeros quince días de cada mes, un estado de las entradas aduaneras del mes anterior.

5.- Convocar y presidir el Comité Asesor y Consultivo, y dictar con acuerdo de éste las normas para su funcionamiento.

6.- Dictar, en conformidad a la ley y el reglamento, las resoluciones de nombramiento de los Agentes de Aduana y ejercer la jurisdicción disciplinaria sobre ellos.

7.- Interpretar administrativamente, en forma exclusiva, las disposiciones legales y reglamentarias de orden tributario y técnico, cuya aplicación y fiscalización correspondan al Servicio, y en general, las normas relativas a las operaciones aduaneras y dictar órdenes e instrucciones necesarias para darlas a conocer a todos los empleados de Aduanas, que estarán obligados a cumplirlas.

8.- Dictar las normas de régimen interno y los manuales de funciones o de procedimiento, órdenes e instrucciones para el cumplimiento de la legislación y reglamentación aduanera y para la buena marcha del servicio, y supervigilar el cumplimiento de todos ellos.

9.- Proponer al Ministerio de Hacienda la dictación de los reglamentos cuya aplicación corresponda al Servicio.

10.- Disponer, mediante resolución fundada, la habilitación de lugares especiales de almacenamiento fiscal de mercancías que por su naturaleza no puedan ser depositadas en los recintos fiscales destinados al efecto, por ser éstos insuficientes o carecer de elementos materiales adecuados.
DFL Hacienda 9/91 Art. único, 3.a.

11.- Proponer la contratación de personas ajenas al Servicio para atender las operaciones aduaneras en puntos de escasa importancia, las que dispondrán para el desempeño de sus funciones de las facultades, atribuciones y responsabilidades que se le otorguen.

12.- Fallar los asuntos contenciosos que se le entregan a su conocimiento, en conformidad a la ley.
Ley 19806 Art. 47

13.- Proponer al Ministerio de Hacienda la designación de expertos especializados en calidad de asesores, a contrata o a honorarios, para estudios, labores docentes u otros trabajos que sean necesarios para el Servicio.

14.- Habilitar extraordinariamente a empleados para que desempeñen las funciones de fiscalizador, cuando así lo requieran las necesidades del Servicio.
DFL Hacienda 9/91 Art. único, 3.c.

15.- Dictar las resoluciones generales o particulares que fueren necesarias en materias relativas a personal, en conformidad al Estatuto Administrativo y demás disposiciones legales vigentes.

16.- Fallar en última instancia los reclamos sobre clasificación arancelaria y aplicación de derechos, impuestos y tasas cuyo cálculo o percepción se haga por las Aduanas. El fallo que expida el Director Nacional será sin ulterior recurso y regirá en todas las Aduanas no pudiendo ser desconocido ni invalidado por autoridad, sin perjuicio de las acciones judiciales que procedan.

17.- Determinar la naturaleza y cuantía de las cauciones que estime conveniente exigir en las tramitaciones, actuaciones y gestiones aduaneras y dictar las normas para hacerlas efectivas.

18.- Delegar en los funcionarios directivos que estime pertinentes, las facultades que le confieren las leyes o reglamentos, cuando las necesidades del Servicio lo requieran.
DFL Hacienda 9/91 Art. único, 3.d.

19.- Atender la publicación de un Boletín Oficial de Aduanas en que se inserten disposiciones y normas relacionadas con el Servicio, como asimismo, las materias de divulgación aduanera que se consideren de interés. Su director responsable será el Subdirector que determine el Jefe Superior del Servicio.
Ley 19479 Art. 17 E

La propiedad intelectual de este Boletín Oficial pertenecerá al Fisco, sin necesidad de cumplir con los requisitos que establece la Ley N 17.336.

20.- Presentar al Ministerio de Hacienda, en la fecha que éste indique, el presupuesto de gastos del Servicio Nacional de Aduanas, como, asimismo, planes y programas para el siguiente año.

21.- Constituir comités internos de trabajo.

22.- Establecer en las Zonas Secundarias, perímetros fronterizos de vigilancia especial, en los cuales las existencias y tráfico de mercancías estarán sujetos a las prohibiciones y restricciones que se establezcan para dicho efecto.
Ley 19479 Art. 17 E
Ley 19.888 Art. 4º

23.- Dispensar, con aprobación del Presidente de la República, total o parcialmente del cumplimiento de las disposiciones aduaneras, al tráfico fronterizo que efectúen las personas que viven al oriente de las aduanas terrestres, con el objeto de abastecerse de las mercancías necesarias para su subsistencia. En la misma forma podrá establecer modalidades especiales para el cobro de los derechos que correspondan.
Ley 19479 Art. 17 F

24.- Efectuar los actos y celebrar los contratos necesarios para el cumplimiento de los fines del Servicio, con cargo a los recursos que legalmente le hayan sido asignados.
Ley 19479 Art. 17 F

Asimismo, podrá celebrar contratos de concesión y arrendamiento respecto de los bienes inmuebles que hubieren sido destinados al Servicio Nacional de Aduanas, o que éste hubiere adquirido para sí o para el Fisco y que estén destinados a dicho servicio.
Ley 18853 Art. 3

25.- Convocar a propuestas públicas, aceptarlas o rechazarlas, en conformidad a las disposiciones legales y reglamentarias.
Ley 19479 Art. 17 F

26.- Administrar los bienes del Servicio y velar por su buen uso y conservación, sometiéndose, en todo caso, a las normas que rigen la materia.
Ley 19479 Art. 17 F

27.- Ejercer las demás facultades y atribuciones que la Ordenanza de Aduanas u otras leyes entregaban a la Junta General de Aduanas, con excepción de aquellas que le corresponden a dicha Junta como Tribunal.
Ley 19479 Art. 17 F

28.- Representar al Servicio en todos los asuntos, incluidos los judiciales, en que la ley le asigne la calidad de parte, o de víctima en los delitos aduaneros, y en los recursos extraordinarios que se interpongan en contra del mismo Servicio con motivo de actuaciones administrativas o jurisdiccionales como, asimismo, deducir, querellas o denuncias por los delitos contemplados en el artículo 7 de la ley N 18.480, artículo 7 de la ley N 18.708 y artículos 29, 30 y 31 de la ley N 18.634, para cuyo efecto podrá, cuando lo estime necesario, requerir la intervención del Consejo de Defensa del Estado.
Ley 19479 Art. 17 F
Ley 19806 Art. 47

Artículo 5º.- Subrogarán al Director Nacional, los Subdirectores en el orden de precedencia que determine el Director Nacional.
Ley 19479 Art. 17 H

El Director Nacional designará a los subrogantes de los Subdirectores, Jefes de Departamento, Directores Regionales, Administradores de Aduanas, y de cualquier otra Jefatura o cargo del Servicio, estableciendo el orden de precedencia, mediante resoluciones genéricas o particulares que serán habilitantes respecto de la persona o del cargo, según se indique.

Título III - De las Subdirecciones y de los DepartamentosLey 19479 Art. 17 I

Artículo 6º.- Los Subdirectores son asesores del Director Nacional en las materias de su especialidad, para lo cual deben recomendarle las normas y someter a su aprobación las instrucciones que estimen conveniente impartir al Servicio. Deben programar, dirigir, coordinar y supervigilar el funcionamiento de los Departamentos a su cargo.

Actúan también como delegados del Director Nacional en la evaluación de los programas de trabajo y de su desarrollo dentro de las respectivas áreas de su especialidad.
Ley 19479 Art. 17 J

Artículo 7º.- Corresponderá a la Subdirección Técnica, por sí o a través de los Departamentos de su dependencia, proponer al Director Nacional normas e instrucciones para la aplicación de las leyes que el Servicio debe controlar; analizar las estadísticas del comercio exterior; efectuar los estudios relacionados con las técnicas aduaneras, velando por la simplificación, uniformidad, coordinación y agilización de los métodos y procedimientos y ejecutar las demás funciones que le encomiende el Director.
Ley 19479 Art. 17 K

Artículo 8º.- Corresponderá a la Subdirección de Fiscalización, por sí o a través de los Departamentos de su dependencia, estudiar, proponer y ejecutar programas de fiscalización de los derechos, impuestos, gravámenes, franquicias y tráficos ilícitos que por ley compete controlar al Servicio; realizar directamente fiscalizaciones en las aduanas, a los usuarios y otras personas, sin perjuicio de las atribuciones que las leyes confieren a los Directores Regionales y Administradores de Aduanas; efectuar las investigaciones respecto de despachadores, almacenistas y otras personas que se encuentran sujetas a la jurisdicción disciplinaria del Servicio Nacional de Aduanas; inspeccionar en cualquier momento las dependencias ubicadas en zonas primarias de jurisdicción y ejecutar las demás funciones que le encomiende el Director.
Ley 19479 Art. 17 L

Artículo 9º.- Corresponderá a la Subdirección Administrativa, por sí o a través de los Departamentos de su dependencia, planificar y coordinar funcionalmente las labores administrativas del Servicio, de finanzas, bienes y servicios; proponer los proyectos de presupuesto anual para el Servicio, supervigilar su ejecución y las demás funciones que le encomiende el Director.
Ley 19479 Art. 17 M

Artículo 10.- Corresponderá a la Subdirección Jurídica, por sí o a través de los departamentos de su dependencia, preparar los informes legales que le solicite el Director Nacional y otras unidades del Servicio; defender al Servicio, si el Director Nacional lo estima necesario y sin perjuicio de las facultades que le corresponden al Consejo de Defensa del Estado en conformidad a su Ley Orgánica, en todos los asuntos que la Ley le asigne la calidad de parte, en las acciones o recursos extraordinarios que se interpongan en contra de las autoridades o funcionarios del Servicioy en general en todo asunto de carácter jurisdiccional o administrativo relacionado con el ejercicio de las funciones que la ley le encomienda a la Aduana y

las demás funciones que le asigne el Director.
Ley 19479 Art. 17 N
Ley 19.806 Art. 47

Artículo 11.- Corresponderá a la Subdirección de Informática, por sí o a través de los Departamentos de su dependencia, desarrollar, analizar y controlar los sistemas computacionales requeridos por el Servicio, administrar el uso, mantención y operación de los equipos, archivos y programas computacionales del Servicio; velar por la seguridad e integridad de los datos que se administren computacionalmente en cualquier medio electrónico o magnético y las demás funciones que le asigne el Director.
Ley 19479 Art. 17 Ñ

Artículo 12.- Corresponderá a la Subdirección de Recursos Humanos, por sí o a través de los departamentos de su dependencia, proponer y ejecutar la política del Servicio en materia de recursos humanos, particularmente, sobre admisión, capacitación, promoción, traslados, destinaciones, bienestar del personal; efectuar o encargar los estudios que se estimen necesarios para la adecuada gestión del área y las demás funciones que le asigne el Director.
Ley 19479 Art. 17 O

Artículo 12 A.- Corresponderá al Departamento Nacional de Capacitación, entre otras funciones:
DFL Hacienda 9/91 Art. único, N º 12

a) Detectar las necesidades de capacitación del personal en materias de orden técnico - aduanero, jurídico y de formación general.
b) Planificar y ejecutar políticas de capacitación interna para el personal y satisfacer los

requerimientos de capacitación de otras instituciones públicas en materias de carácter aduanero.

c) Preparar y difundir el material didáctico que sea necesario para el perfeccionamiento y la actualización técnica de los funcionarios.

d) Promover la publicación de textos de carácter general y monográfico, relativos a materias de orden aduanero.

e) Coordinar la capacitación de funcionarios en organismos externos al Servicio, sean nacionales o extranjeros.

f) Atender el funcionamiento de bibliotecas y centros de documentación.

Artículo 12 B.- Derogado
Ley 19479 Art. 17 P

Artículo 13.- Corresponderá a los comités internos de trabajo, entre otras funciones, a requerimiento del Director Nacional:

a) Actuar como grupos asesores del Director Nacional.

b) Estudiar, analizar y opinar en relación a proyectos sobre modificaciones de normas aduaneras y administrativas.

c) Estudiar y proponer, a requerimiento del Director Nacional soluciones a cuestiones planteadas por éste.

Título IV - De las Direcciones Regionales y de las Administraciones de AduanasLey 19479 Art. 17 Q

Artículo 14.- Las Direcciones Regionales de Aduana son las siguientes:

1.- Arica, con jurisdicción sobre la XV Región.

2.- Iquique, con jurisdicción sobre la I Región.

3.- Antofagasta, con jurisdicción sobre la II y III Regiones.

4.- Coquimbo, con jurisdicción sobre la IV Región.

5.- Valparaíso, con jurisdicción sobre la V Región.

6.- Metropolitana, con jurisdicción sobre la Región Metropolitana y la VI Región.

7.- Talcahuano, con jurisdicción sobre la VII, VIII y IX Regiones.

8.- Puerto Montt, con jurisdicción sobre la X y XIV Región.

9.- Coyhaique, con jurisdicción sobre la XI Región.

10.- Punta Arenas, con jurisdicción sobre la XII Región.
DFL Hacienda 4/08 Art. único

Artículo 15.- A cargo de cada una de las Direcciones Regionales señaladas en el artículo anterior, estará un Director Regional, al que le corresponderá, además de las

funciones señaladas en el artículo 17, las siguientes:
DFL Hacienda 9/91 Art. único, N º 16 a

1.- Supervisar y coordinar el funcionamiento del Servicio en la Región o Regiones a su cargo, velando por el fiel cumplimiento de las instrucciones que emanen de la Dirección Nacional.

2.- Atender las consultas de las diversas Aduanas de la región y controlar los procedimientos de trabajo y el cumplimiento de las normas impartidas.
DFL Hacienda 9/91 Art. único, N º 16 b

3.- Formular al Director Nacional todas aquellas observaciones que le sugiera el servicio aduanero en relación a su región y proponer las medidas o reformas que estime convenientes.

4.- Preparar y presentar los proyectos de presupuesto regionales y velar por la correcta ejecución del presupuesto asignado.

5.- Desempeñar las demás funciones y cometidos que le encomienden las leyes, reglamentos, decretos, instrucciones y aquellas facultades que le delegue el Director Nacional.

6.- Fallar los asuntos contenciosos sometidos a su conocimiento, en conformidad a la ley.

7.- Coordinar, según corresponda, las actividades a su cargo con las de la Dirección del Litoral y Marina Mercante, Dirección de Aeronáutica, Carabineros y Empresa Portuaria de Chile, en su respectivo ámbito de competencia, a fin de armonizar las acciones que competen a dichos servicios en el tráfico aduanero.

Artículo 16.- Los Departamento Administraciones Aduanas y las Administraciones de Aduanas estarán a cargo de un funcionario que se denominará Jefe de Departamento Administración Aduana y Administrador Aduana, respectivamente.
DFL Hacienda 9/91 Art. único, N º 17

Artículo 17.- A los Administradores de Aduanas, corresponderá:
Ley 19479 Art. 17 R

1.- Administrar la Aduana a su cargo y disponer el cumplimiento de las disposiciones legales y reglamentarias cuya aplicación esté encomendada a las Aduanas.

2.- Formular al Director Regional todas aquellas observaciones que le sugiera el Servicio Aduanero en relación a su Aduana y proponer las medidas o reformas que estime convenientes.

3.- Supervisar las actuaciones de las personas autorizadas para despachar mercancías.

4.- Ejercer autoridad directa sobre todos los empleados de su Aduana.

5.- Ordenar la instrucción de sumarios administrativos y designar, en cada caso, los fiscales que deban instruirlos.

6.- Resolver en primera instancia las reclamaciones referentes al aforo de mercancías y a la aplicación de derechos, impuestos y tasas, ajustándose a las normas señaladas por el Director Nacional y a la doctrina del Servicio.

7.- Fallar asuntos contenciosos sometidos a su conocimiento, en conformidad a la ley.

8.- Delegar en los Jefes de Unidades que estime pertinentes las facultades administrativas que se le confieren en leyes y reglamentos, cuando las necesidades del Servicio lo requieran.
Ley 19479 Art. 17 S

9.- Prohibir o reglamentar la entrada y salida de personas de los recintos y locales en que se hagan o pueda haber actuaciones aduaneras y movilización de mercancías, sin perjuicio de las atribuciones de otras autoridades competentes.

10.- Presentar al Director Regional el proyecto de presupuesto de su Aduana.

11.- Velar por el depósito de las mercancías que se encuentran bajo custodia de su Aduana.

12.- Coordinar, según corresponda, las actividades a su cargo con las de la Dirección del Litoral y Marina Mercante, Dirección de Aeronáutica, Carabineros y Empresa Portuaria de Chile, en su respectivo ámbito de competencia, a fin de armonizar las acciones que competen a dichos servicios en el tráfico aduanero.

13.- Suspender preventivamente, por resolución fundada, a los despachadores de Aduana hasta por quince días, dando cuenta inmediata de ello al Director Nacional, quien, atendidas las circunstancias, podrán prorrogarla hasta por sesenta días.
DL 3589/81 Art. 3º

14.- Nombrar a un funcionario de su dependencia, que recibirá el nombre de

Secretario, quien se desempeñará como ministro de fe en las actuaciones administrativas.

DFL Hacienda 9/91 Art. único, N º 18 c

Título V - Del PersonalLey 19479 Art. 17 T

1.- Ingreso al Servicio

Artículo 18.- Para incorporarse al Servicio Nacional de Aduanas se requiere reunir las condiciones generales y requisitos de ingreso señalados en la ley.

Artículo 19.- El personal que ingrese al Servicio en el último grado del respectivo escalafón, se considerará como a contrata durante el primer año. En el transcurso de este período por decreto o resolución la autoridad que lo designó podrá poner término a sus funciones.

2.- Planta del Servicio

Artículo 20.- La Planta de Personal del Servicio Nacional de Aduanas será la siguiente:
DFL Hacienda 9/91 Art. único, N º 20

Planta/Cargo: Grado E.S.F, Número Cargos
DIRECTIVA EXCLUSIVA CONFIANZA
Director Nacional: 1, 1
Subdirectores: 2, 6
Jefes Departamentos: 3, 6
Directores Regionales: 3, 4

Jefes Departamentos: 4, 4

Directores Regionales: 4, 5

Jefes Departamentos: 5, 22

Jefes Departamentos: 6, 7

Total: 55

CARGOS DE CARRERA

Directivos: 6, 17

Directivos: 7, 16

Directivos: 8, 8

Directivos: 9, 7

Total: 48

PROFESIONALES

Profesionales: 5, 14

Profesionales: 6, 17

Profesionales: 7, 14

Profesionales: 8, 14

Profesionales: 9, 14

Profesionales: 10, 22

Profesionales: 11, 22

Profesionales: 12, 10

Profesionales: 13, 10

Profesionales: 14, 10

Profesionales: 15, 7

Total: 307

FISCALIZADORES

Fiscalizadores: 10, 28

Fiscalizadores: 11, 26

Fiscalizadores: 12, 47

Fiscalizadores: 13, 76

Fiscalizadores: 14, 68

Fiscalizadores: 15, 62

Total: 307

TECNICOS

Técnicos: 14, 21

Técnicos: 15, 22

Técnicos: 16, 27

Técnicos: 17, 37

Técnicos: 18, 45

Técnicos: 19, 62

Técnicos: 20, 30

Total: 244

ADMINISTRATIVOS

Administrativos: 16, 30

Administrativos: 17, 27

Administrativos: 18, 45

Administrativos: 19, 75

Administrativos: 20, 64

Administrativos: 21, 60

Administrativos: 22, 30

Total: 331

AUXILIARES

Auxiliares: 19, 27

Auxiliares: 20, 30

Auxiliares: 21, 35

Auxiliares: 22, 31

Auxiliares: 23, 29

Total: 152

TOTAL: 1.291

3.- Prohibiciones y obligaciones

Ley 19479 Art. 17 U

Artículo 21.- Las personas que trabajen en el Servicio Nacional de Aduanas no podrán atender directa ni indirectamente negocios particulares ni de terceros, cuando aquéllos tengan relación con las funciones encomendadas al Servicio.

Artículo 21 A.- Los funcionarios que se ausenten en comisión de estudio o como beneficiarios de una beca y a quienes se les conserve la propiedad de sus cargos, como, asimismo, se les mantenga determinada remuneración, tendrán la obligación de presentar, dentro de los noventa días siguientes al término de la comisión, un informe escrito al superior jerárquico en el que den cuenta de la labor o estudios realizados o del cometido especial efectuado. Asimismo, no podrán dejar voluntariamente el Servicio antes de que haya transcurrido un plazo igual al doble de aquel por el cual hubieren percibido remuneración durante la comisión, a menos que devuelvan las sumas que hubieren percibido.

Ley 19479 Art. 17 V

Deberá rendirse caución para asegurar el cumplimiento de una u otra de estas obligaciones.

4.- Autoridades aduaneras

Artículo 21 B.- Son autoridades aduaneras para todos los efectos legales: el Director Nacional, los Directores Regionales, los Administradores de Aduanas y los Jefes de Aduanas, en su correspondiente jurisdicción.
Ley 19.479 Art. 17 W

5.- Facultades para el cumplimiento de la ley
DFL Hacienda 9/91 Art. único, N º 20

Artículo 22.- El Director Nacional podrá exigir declaraciones sobre operaciones que interesen al Servicio Nacional de Aduanas y requerir la exhibición de libros, papeles, registros de cualquier naturaleza y documentos pertinentes. Iguales atribuciones tendrán los funcionarios en quienes el Director Nacional delegue especialmente y por escrito tales facultades.
Ley 19806 Art. 47

Artículo 23.- Para el ejercicio de las facultades y cumplimiento de las obligaciones establecidas en ésta o en otras leyes cuya aplicación, fiscalización o control corresponde al Servicio Nacional de Aduanas, el Director Nacional podrá ordenar la entrada, registro e incautaciones en los lugares en que se encuentren o se presuma fundadamente que se encuentran las mercancías a fiscalizar, así como los libros, papeles, registros de cualquier naturaleza y documentos relativos a las mismas. Iguales atribuciones tendrán los funcionarios en quienes el Director Nacional delegue especialmente tales facultades.

Ley 19806 Art. 47

El cumplimiento de las órdenes de entrada y registro o de incautación corresponderá a los funcionarios designados en la respectiva orden, quienes, en caso de encontrar oposición, requerirán el auxilio de la fuerza pública, la que les deberá ser prestada por los funcionarios de la policía. Ley 19806 Art. 47

Con todo, la negativa injustificada a exhibir libros, papeles, registros de cualquier naturaleza y documentos, cuando fueren requeridos formalmente por el Servicio en un acto de fiscalización, constituirá una contravención que será sancionada con multa de hasta una vez el valor de las mercancías objeto de la fiscalización.
Ley 19806 Art. 47

Artículo 24.- Todo empleado de Aduana, dentro de las Zonas Primarias de Jurisdicción y en los perímetros de vigilancia especial en el ejercicio de sus funciones podrá:

1.- Adoptar y disponer las medidas que estime convenientes para asegurarse de la exactitud de las operaciones que deba practicar.

2.- Examinar y registrar las naves, aeronaves, trenes, vehículos, personas, animales, bultos, cajas, embalajes o cualquier envase en que pueda suponer que haya mercancías introducidas al territorio nacional o que se intente introducir o extraer de él con infracción de la legislación aduanera.

3.- Dar alarma a la nave, aeronave, vehículo o persona que vaya en camino y retenerla, para el objeto del número anterior.

4.- Hacer detener a quienes aparezcan como presuntos responsables de los delitos de

fraude o contrabando, dando cumplimiento a lo previsto en el artículo 131, inciso final, del Código Procesal Penal; recoger en tal caso los efectos del delito, y requerir el auxilio de la fuerza pública para hacerse obedecer en el desempeño de las facultades que le confiere el presente artículo, si encontrare resistencia.
Ley 19.806 Art. 47

Del ejercicio de las facultades anteriores deberá darse cuenta al Director Regional o al Administrador de Aduana, según corresponda.
DFL Hacienda 9/91 Art. único, N º 22
Ley 19479 Art. 17 X

Artículo 25.- Para el cumplimiento de las facultades que se refiere el presente párrafo, los empleados deberán dar a conocer su investidura oficial, exhibiendo, además, la competente orden, cuando dichas facultades se ejerzan fuera de las zonas primarias de competencia o de los perímetros de vigilancia especial.

Siempre que dichas facultades se ejerzan en los lugares de competencia de la autoridad marítima o aeronáutica, deberá darse aviso a éstas y, en todo caso, solicitarse su intervención si se trata de la retención de una nave o aeronave, salvo que, con motivo de la persecución de un contrabando o fraude, la urgencia de las circunstancias lo impida, en cuyo caso se dará cuenta a dichas autoridades por el medio más rápido de la acción iniciada.

Título VI - De la vigilancia del mar, tierra y espacio aéreoArtículo 26.- La vigilancia del mar, espacio aéreo y tierra, a fin de prevenir, impedir y perseguir delitos de contrabando y fraude aduanero, estará a cargo de la Dirección del Litoral y Marina Mercante, Dirección de Aeronáutica y Carabineros, en su respectivo ámbito de competencia.

Lo anterior, sin perjuicio de las atribuciones que puedan corresponder a otros organismos.

Artículo 27.- La vigilancia dentro del territorio nacional y hasta la orilla del mar, incluyendo los recintos aduaneros, corresponderá a Carabineros de Chile, cuyos jefes de Unidades o Unidades Menores prestarán la colaboración y auxilio como fuerza pública que las autoridades aduaneras les soliciten para el cumplimiento de las disposiciones de esta ley.
DFL Hacienda 9/91 Art. único, N º 23

Artículo 28.- Las autoridades a que se refieren los artículos anteriores estarán obligadas a denunciar directamente a la Aduana todas las infracciones aduaneras que ellos detecten en el ejercicio de sus funciones, a secundar al Ministerio Público en la investigación de los hechos y en la persecución y aprehensión de las personas inculpadas, y ejercerán su vigilancia:
DFL Hacienda 9/91 Art. único, N º 24
Ley 19.806 Art. 47

a) Impidiendo el embarque y desembarque en las costas y en la entrada y salida por vía terrestre o aérea de cualquier clase de mercancía, por puntos y en horas no habilitados al efecto.

b) Persiguiendo y aprehendiendo las mercancías que se embarquen o desembarquen o se pretenda embarcar o desembarcar en las costas u otros puntos del territorio no habilitados para el tráfico aéreo, o que crucen las fronteras, contraviniendo las disposiciones aduaneras vigentes.

c) Aprehendiendo en cualquier punto del territorio las mercancías extranjeras sujetas a fajas, estampillas, guías u otros distintivos exteriores de pago o de fiscalización, cuando tales mercancías carezcan de dichos requisitos, y

d) Aprehendiendo en los perímetros de vigilancia especial las mercancías extranjeras, respecto de las cuales no se compruebe el cumplimiento de las disposiciones aduaneras.

Artículo 29.- Derógase, a contar de la fecha de vigencia del presente decreto con fuerza de ley del Libro I del decreto con fuerza de ley 213, de 1953, sobre Ordenanza de Aduanas, la ley 16.521 y el decreto con fuerza de ley 9, de 1971, así como toda disposición contraria a las contenidas en éste.
Rectificado D.O. 23.06.79

Artículo 2 .- La vigencia de la Ley Orgánica del Servicio Nacional de Aduanas, cuyo texto se fija por el artículo precedente, será a contar desde la publicación en el Diario Oficial del presente decreto.

Artículo transitorio.- No obstante la derogación a que se refiere el artículo 29 del presente decreto mantendrán su vigencia las normas del Título II del Libro I de la Ordenanza de Aduanas que establecen y regulan la composición y el funcionamiento de la Junta General de Aduanas para el exclusivo efecto de que ésta continúe resolviendo en conciencia los juicios o contiendas que se sometan a su conocimiento en conformidad a la ley.

부록 Ⅳ. 수입 필요 서식

[별지 제6호의7서식] 〈개정 2012.1.1〉

칠레와의 협정에 따른 원산지증명서의 서식

KOREA-CHILE FREE TRADE AGREEMENT
CERTIFICATE OF ORIGIN

Issuing Number:

1: Exporter (Name and Address) Tax ID No.				
2: Producer (Name and Address) Tax ID No.		3: Importer (Name and Address)		
4. Description of Good(s)	5. HS No	6. Preference Criterion	7. Regional Value Content	8. Country of origin

9. Remarks:

10: Certification of Origin

I certify that:
- The information on this document is true and accurate and I assume the responsibility for providing such representations.
  I understand that I am liable for any false statements or material omissions made on or in connection with this document
- I agree to maintain and present upon request, documentation necessary to support this certificate, and to inform, in writing, all persons to whom the certificate was given of any changes that could affect the accuracy or validity of this certificate.
- The goods originated in the territory of the Parties, and comply with the origin requirements specified for those goods in KOREA-CHILE FREE TRADE AGREEMENT, and there has been no further production or any other operation outside the territories of the Parties in accordance with Article 4.12 of the Agreement.

Authorized Signature	Company Name
Name (Print or Type)	Title
Date (MM/DD/YY)	Telephone / Fax / E-mail

210mm×297mm[보존용지(1종) 70g/㎡]

칠레와의 협정에 따른 원산지증명서의 서식(을지)

KOREA-CHILE FREE TRADE AGREEMENT
CERTIFICATE OF ORIGIN
CONTINUATION SHEET

Issuing Number:

2. Producer	4. Description of Good(s)	5. HS No	6. Preference Criterion	7. Regional Value Content	8. Country of origin

210mm×297mm[보존용지(1종) 70g/㎡)]

번호	기재항목	작 성 방 법
		기재요령
	Issuing Number (발급번호)	• 원산지증명서 발급 일련번호 기재
1	Exporter(수출자)	• 수출자의 이름, 주소(국가포함), 사업자등록번호(칠레: Unique Tax Number) 기재.
2	Producer(생산자)	• 생산자 1명일 경우: 생산자 이름, 주소(국가, 전화번호, FAX, E-mail 포함), 사업자등록번호 기재 • 생산자 2명 이상일 경우: "VARIOUS"를 기재하고 모든 생산자의 리스트를 첨부(생산자 이름, 주소, 국가, 전화번호, FAX, E-mail, 사업자등록번호) • 생산자와 수출자와 같을 경우: "SAME" 기재 • 생산자를 모를 경우: "UNKNOWN" 기재 • 비밀로 할 경우: "Available to Customs upon request" 기재
3	Importer(수입자)	• 수입자 이름, 주소(국가포함) 기재 • 수입자를 알지 못할 경우: "UNKNOWN" 기재 • 수입자가 다수일 경우: "VARIOUS" 기재
4	Description of Good(s) (품명)	• HS 및 송품장과 관련시킬 수 있는 상세한 상품의 설명을 기재 • 송품장번호 기재 • 송품장번호를 모를 경우 shipping order, purchase order number 등 물품을 확인할 수 있는 관련번호 기재
5	HS No(품목번호)	• 항목4의 각 물품의 HS번호 6단위까지 기재

6	Preference Criterion (특혜기준)	• 항목4의 각 물품에 대하여 적용할 수 있는 특혜기준(A~D) 기재
		  A: 역내국에서만 완전하게 획득하거나 생산된 경우.
		  B: 물품이 일방 또는 양 당사국의 영역내에서만 생산되고 해당 물품의 생산에 사용된 비원산지재료에 대해 부속서(annex 4)에 규정된 세번변경기준, 부가가치기준, 주요공정기준 및 협정 4장에 규정된 다른 적용가능한 기준을 충족한 경우
		  C: 물품이 협정 제4.2조 제1(a)부터 제1(d)의 기준에 의한 원산지 요건을 충족한 원산지재료로만으로 일방 또는 양 당사국의 영역내에서만 생산된 경우
		  D: 물품이 일방 또는 양 당사국 영역내에서 생산되었으나 그 물품의 생산에 사용된 하나 이상의 비원산지재료가 협정 4.2.1 C(i, ii) 규정에 해당하여 세번변경은 이루어지지 않았으나, 부가가치 기준을 충족한 경우

7	Regional value Content (역내부가가치)	• 부가가치기준 적용대상 물품으로
		  - 공제법(build-down method)에 의해 계산한 경우: "BD"
		  - 집적법(build-up method)에 의해 계산한 경우: "BU" 기재

8	Country of Origin (원산지국가)	• 원산지가 한국일 경우: "KR" • 원산지가 칠레일 경우: "CL" 기재
9	Remarks (비고)	• 송품장이 비당사국에서 작성되었을 경우 작성자 이름, 회사명 주소를 기재

부록 V. 그 외 참고사항

칠레 지역 고충상담실 현황

세관명	연락처
OIRS NATIONAL HEADQUARTERS	주소: Plaza Sotomayor 60, primer piso. Telephone: (32) 2200 513 Customer service hours: 08.30 - 14.00 hrs.
OIRS ARICA	주소: Edificio Alborada, Avenida San Martín 141, piso 1. Telephone: (58) 207 101 Customer service hours: 8:30 - 17:30, Monday thru Friday
OIRS IQUIQUE	주소: Avenida Sotomayor 256 Telephone: (57) 400 209 Customer service hours: 08.30 - 14.00 hrs.
OIRS TOCOPILLA	주소: Avenida 21 de Mayo 1653 piso 3 Telephone: (55) 561 500 Customer service hours: 08.00 - 16.50 hrs.
OIRS ANTOFAGASTA	주소: Avenida Sucre 215 Telephone: (55) 561401 - 561402 Customer service hours: 08.30 - 13.00 and 16:00 - 17:00 hrs.
OIRS CHAÑARAL	주소: Panamericana Sur 70 Telephone: (52) 531 600 (anexo 1600) Customer service hours: 08.30 - 17.15 hrs.
OIRS COQUIMBO	주소: Avenida Vicuña Mackena 351 Telephone: (51) 571 701 Customer service hours: 08.30 - 17.15 hrs.
OIRS LOS ANDES	주소: Carretera Los Libertadores KM79 - Ruta 57 CH El Sauce, Los Andes Telephone: (34) 50 88 20 Customer service hours: 08.30 - 14.00 hrs.
OIRS VALPARAISO	주소: Plaza Wheelwright 144 Telephone: (32) 2200 785 Customer service hours: 08.30 - 14.00 hrs.
OIRS SAN ANTONIO	주소: Angamos 1194 Telephone: (35) 200 025

	Customer service hours: 08.30 - 14.00 hrs.
OIRS METROPOLITANA	주소: Aeropuerto Arturo Merino Benitez Telephone: (2) 299 5261/ (2) 6019003 Customer service hours: 08.30 - 14.00 hrs.
OIRS TALCAHUANO	주소: Blanco Encalada 475 Telephone: (41) 2541 148 Customer service hours: 08.30 - 14.00 hrs.
OIRS OSORNO	주소: Bilbao 963 Telephone: (64) 234 545 Customer service hours: 08.30 - 17.15 hrs.
OIRS PUERTO MONTT	주소: San Martin 80 piso 4 Telephone: (65) 263 100 Customer service hours: 08.30 - 17.15 hrs.
OIRS PUERTO AYSEN	주소: O Higgins 40, Puerto Chacabuco Telephone: (67) 351 138 Customer service hours: 08.30 - 17.15 hrs.
OIRS COYHAIQUE	주소: Bilbao 327 Telephone: (67) 673 200 Customer service hours: 08.30 - 17.15 hrs.
OIRS PUNTA ARENAS	주소: Av. Libertad Bernardo O Higgins 1314 Telephone: (61) 71 34 01 Customer service hours: 08.00 - 14.00 hrs.

자료: 칠레 관세청(SNA)